아침달 시집

햇빛의 아가리

윤초롬

시인의 말

아름다움을 느낄 수 없는

당신에게

2025년 5월

윤초롬

차례

1부
피와 생활의 하모니

이따금	13
엄마 딸이 죽었습니다	14
회복기	18
취조실	21
황혼	24
잠든 사람	27
다만 눈이 내리는 풍경	30
바위의 딸	32

2부
꿈꾸지 않았다 그러나

빨래	37
지우지 않겠습니다	39

문제아	42
끝에서	46
생물 시간	50
유충과 성충	51
그해 겨울	54
외국인의 편지	56
구멍	58
스테인드글라스	61
눈사람	64
프레임	66
밤이 세계의 뒤집힌 안감이라면	67

3부
나는 치사량의 침묵

타이레놀	73
수속	76

살균	79
흰 뱀들	81
비정상	82
서빈백사	85
앙상한 가지	88
시인 아닌 사람이 쓴 시	90
홍옥	93
홍 매화 흰 매화 산책	95
앉는 연습	97
우리 돌기	100
가위는 서랍 안에 있다	102

4부
시원한 곳으로 가자

계단을 오르는 사람	107
재배	109

자세의 비결	111
사혈의 원리	113
사랑하는 사람	115
개를 데려올까	117
추모 공원	120
서클	122
바깥 산책	124
뼈	127
도마 위	130
다른 방식	131

산문

시와 솔직함	137

1부
피와 생활의 하모니

이따금

책상은 하얗고 노트북은 하얗고 형광등은 하얗고 백지는 하얗다. 사방에 백지가 있다. 키보드를 치는 나의 손등은 하얗고 반쯤 남은 커피의 수면 위는 하얗게 빛난다. 깨져가는 얼음처럼 표백된 표면. 나의 머릿속은 하얗고 기억은 더 하얗다. 시선은 하얗고 초여름 오후 세 시의 양지는 하얗고 그늘은 하얗고 유리창은 겹겹의 하양으로 거리를 겨눈다. 가지런히 묶어둔 암막 커튼 직조물 사이 하얗고 시끄럽게 번져간다. 소음은 하얗고 무언가를 중얼거리다 웃음을 터트리는 창밖의 목소리 하얗다. 활자는 너무 오래되었고 손목은 하얗고 흉터는 더 하얗고 얕다. 침대 모서리 하얗고 철 지난 원피스 끝자락 하얗다. 나풀거리는 기억들

하얗고

하얗고

여기와 저기를 분간하지 못해서 이따금 나는 백치라고 불린다.
그 별명이 좋다.

엄마 딸이 죽었습니다

갑자기 터져버린 저 사람을
새빨갛게 부풀었다가 왈칵 쏟아지는 저 사람을

꼭 미워해야 할까?

불판 위의 고기가 가장자리부터 익어간다 피와 살이 뒤엉킨 덩어리 피가 올라온다 피가 분리된다 증발한다 피를 다 날리고도 불판 위의 고기는 고요히 부글거리고

오전 열한 시 고깃집
돼지 한 마리(한돈) 49,900원
이게 싼 건가 비싼 건가 도무지
결정할 수 있는 것이 없고

쇼윈도에 비친 두 여자를 멍하니 본다
한 여자랑 눈이 마주친다

꼭 화가 나야 할까? 꼭 딸이 되어야 할까? 피로할 뿐이라

면 여전히 나쁜 사람이 되고 싶지 않다면

　엄마의 몹쓸 팔자 엄마의 몹쓸 입장 엄마의 미친 딸은 죽지도 않고 계속 미친 짓을 한다 엄마의 몹쓸 남편 남편 가계의 저주 남편이라는 저주 자기 피를 보고 웃는

　딸은 엄마의 남편을 닮았고
　역시나 남편은 사라졌다가 감옥에 갇혔다가 아픈 몸으로 나타났다가 엄마는 남편의 엄마 딸의

　엄마 엄마의 엄마

　그날 딸이 한강에서 발견되었습니다
　핏기 하나 없는 얼굴이 꼭 비곗덩어리 같았습니다

　차라리 죽기를 바란 적도 있었어
　그래야 덜 미안할 것 같았어

고기를 씹으며 무언가 말하려고 하다가 다시 울음을 터트리는 엄마
먹기를 멈추지 않는 엄마를 이해할 수 없다가

좀
부럽기도 하다가

그날 엄마 딸은 죽었는데

다 지난 일이야

어디에 갖다 붙여도 좋을 말만 중얼거리며
새까맣게 탄 고기를 앞접시 위에 골라 담으면

우리는 거대한 주머니에 갇힌 것 같아

애증과 가족
피와 생활의 하모니

불판 위에 척, 생고기가 얹힌다

회복기

유난히 뜨거운 볕
여러모로 상징적이었던 아버지
포승줄에 감긴 아버지는
눈이 부셔서
자꾸 눈이 감겼다

겨울이었다 눈이 다 녹지 않은 법원 주차장이었다 포박된 채 법원 차에 오르던 그를 보면서 나는 몸이 가벼워졌다 어쩜 저렇게 눈부실 수 있을까 무한의 아름다움을 느끼며

지천에 깔린 얼어붙은 하양
보잘것없는 우리 모녀를 지지하는 하양
밟아서 깨트려버렸다 너무 좋았다 너무 재미있었다

나는 그 밧줄이고 싶었다 밧줄이 너무 하얘서 사랑에 빠질 거 같았다 이미 빠진 거 아닐까 오래도록 그 밧줄만 떠올리면서
나를 갖다 바치는 사랑이 뭔지 알 것도 같았다 아버지가

떠난 자리

장롱을 열면 매듭을 풀지 않은 넥타이들이 걸려 있었고
아주 오래 묵은 먼지들 퀴퀴한 냄새
너무 좋았다

낡을 수 있다는 건 묵을 수 있다는 건 얼마나 큰 행운인지
닫힌 장롱 안에서 넥타이들은 아주 오랫동안 쉬었을 것인데
넥타이에게도 자의식이 있다면
이루지 못한 꿈이 있을 것이고 날마다 누군가의 손아귀에 쥐여진 채
목을 조르던 일상을 반겼을지 반추했을지
모를 일이지만
부디 반성만은 하지 않기를

학교에 가던 어느 아침
육교 위에서 호흡곤란이 왔다 난간에 기대
하얗게 번져가는 시야

이면의 별

통증엔 무뎌져도 눈부심엔 적응되지 않아서

아버지, 덕분에 나의 모든 계절은 여름이 되었어요
한겨울에도 얼음을 씹어먹으며
날로 날로 건강해져요

소란하지 않게
누구도 괴롭지 않게

발작은 급작스럽고 고요했다 그래서 좋았다

취조실

뼈가 곤추섰다 안에서부터 서서히 달궈지는 쇠막대기
자연발화로 타 죽는 사람들이 있다던데
던져진 종이 위 글씨들 글씨들
잿더미처럼 흘러내리는

언제나 내가 갖지 못한 건 해야 하는 말이었다

우리 엄마는 암 환자예요 불쌍하지도 않나요
거짓은 아니었지만

형사 아저씨의 손바닥이 쾅쾅 테이블 두드릴 때마다
흩어지는 종이 위의 글씨들
그래도 언어는 뭐든 지시하고 있었고

나 빼고
법은 세상을 지키고 있었고

정말로 아무 죄 없니? 정말로 없어?

네가 입은 것 네가 먹은 것 네가 읽은 것 네가 배운 것 너를 이룬 그 모든 것
　누구의 눈물인지 생각해본 적 있어?

　갑자기 그런 밤이 떠올랐다 양꼬치 먹다가 나왔는데 양꼬치집 쇼윈도에 어린 양들의 사진이 붙어 있었다 무성하게 자란 푸른 잔디 위를 뛰고 있는 북슬한 양들이 작은 양들이 금방이라도 매에 매에 울 것 같은 양들이 뛰고 있었다 아무 걱정 없이 아무 한계 없이 푸른 잔디를 펄쩍 뛰어올라
　나무 꼬치에 꿰어 있었지 그게 참 맛있었어 불쑥 떠오른 생각은 진실에 가깝다고 했던가

　나는 범죄자의 딸

　메마른 실내는 황톳빛으로 가라앉아 있었다 눈이 뻑뻑했다 나무로 만든 테이블 나무로 만들었을 종이 사실은 알 길 없는 종이 형사 아저씨의 두꺼운 손등 쩍쩍 갈라진

나무가 이리도 무심한 생물이었던가
입구에 세워진 아레카야자 이파리가 유난히 싱싱했다

귀 없이 태어난 기분이 어떠니

모릅니다
아무것도 몰라요

황혼

씨발년아 대답해 지 애비 같은 년

사물에게도 감정이 있다면 좋겠다 발광을 멈추지 않는 저 액정이 지금 경고하는 거라면
똑바로 보라고 이게 현실이라고 도망갈 생각은 하지 말라고
짓밟히는 이불이 지금 내 발목을 잡는 거라면

뻐근한 종아리의 근육을 느끼며 힘을 준다 이족보행의 감각을 새긴다 이곳이 아닌 저곳에
이를테면 이데아 같은 곳에
믿지 않는 것을 믿어보려는 이 순진한 의지에

터져 오르는 물의 함묵

피라는 물질이 끔찍하다 발바닥에 달라붙는 이물감이 거슬린다 지워도 지워지지 않는 피의 끈질김이 이불을 뻣뻣하게 만드는 그 뻔뻔함이 기가 차다 일인용 이불을 다 적실 만큼 충분한 그 넉넉함이 아무짝에도 쓸모없는 비참함이

저물기 위해서 허공은 얼마나 많은 색채가 필요한 건지
너무 많은 요구가 풍경을 짓누르고 있다

용서가 최고의 복수라고 배웠다 새벽마다 용서하게 해달라고 기도했었다 돌바닥에 무릎을 꿇고 이마를 찧으며 소리치기도 했다 전쟁과 치정으로 가득한 죄악의 책은 가방 안에서 묵직했고

원죄가 뭔지 이해할 수 있었다

검붉게 말라가는 하늘이 뚝뚝 떨어진다 지상이 검은 얼룩으로 번져간다 나 하나 가담해도 티 나지 않을

베란다 너머의 어둠

유서 깊은 충동

아버지의 자살 시도

물을 파고드는 지리멸렬한 피의 전진을 본다 멈칫하고 돌아보고 돌연 휘어지는 피의 변덕이
플라스틱 대야를 타고 흐른다 천천히 나의 발을 적신다 처참한 사건의 현장 같다 꼭 내가 피해자 같아서
대야의 물을 쏟으면

이 개 같은 년아 죽어

죽어버려

잠든 사람

　꿈을 꾸었다고 했다. 너는 무덤을 찾으려고 사람들과 관광버스를 타고 가던 중이었다. 곁에는 나도 있었다고 했다. 사람들이 정상이 아닌 것 같았다고, 반쯤 미쳐 보였다고 했다. 그들은 어떤 모습이었을까. 머리카락이 엉켜 있는 뒤통수, 더러운 옷을 입고 멍하니 앉아 있는 표정, 침을 질질 흘렸을까. 헛소리를 했을까. 내가 물었을 때 너는 고개를 저었다. "모두가 단정했고 질서 정연했어. 아무것도 느끼지 않는 얼굴들이었어." 버스는 안개가 짙은 도로를 달리고 있었다. 비탈이 가팔라서 이따금 버스가 헛바퀴를 돌았다. 사람들은 동요하지 않았다. 너는 미치지 않았음을 들킬까 두려웠다. 애써 느끼지 않으려고 했다고, 노력하다 보니 정말 느낄 수 없었다고 했다. 그때 차가 멈췄다. "여기 풍경이 아름다우니 잠깐 멈춰서 구경합시다." 운전기사가 말하자 사람들이 일제히 일어섰다. 앞 좌석부터 순서대로 내리기 시작했다. 차에서 내린 곳은 안개 때문에 한 치 앞도 분간할 수 없었다. 앞으로 걷다 보면 더 앞에 있던 사람과 부딪쳤다. "죄송합니다." "괜찮습니다." 사방에서 그런 말이 들려왔다. "죄송합니다." "괜찮습니다." 너와 나는 손을 잡고 계속 앞으로 걸어갔다고 했다.

내 손이 차갑지도 뜨겁지도 않았다고 했다. 아무것도 느끼지 않기로 했으므로 어쩌면 내 손은 차갑거나 뜨거웠을지도 몰랐다. 우리는 묻지 않았다. 우리는 궁금하지 않았다. 우리는 안개를 뚫고 지나가면서, 이따금 사람들과 부딪치면서, 사과를 하고 사과를 받아주면서 천천히 앞으로 나아갔다. "죄송합니다." "괜찮습니다." 안개 사이로 커다란 실루엣이 흔들리고 있었다. 다가가서 보니 나무였다. 가지마다 눈꽃이 피어 있었다. 그제야 너는 발이 시렸다고, 자신이 맨발에 민소매 원피스만 입고 있음을 깨달았다고, 겨울이 왔음을 깨달았다고 했다. 너의 손을 잡은 나도 맨발에 민소매 원피스였다. 순간 안개가 걷히고 주위에 흰 국화밭이 펼쳐졌다. 탐스럽게 열린 국화 송이들이 바람을 따라 한쪽으로 물결치고 있었다. "아름답다." 누군가 그 말을 하자 사람들이 하나둘 따라서 말했다. "아름답다." "아름답다." "아름답다." 너도 표정을 들키지 않으려 노력하며 말했다. "아름답다." 나도 말했다. "아름답다." "그런데 무덤은 어디에 있지?" 누가 물었는지 알 수 없었다. "우리가 맞게 길을 가고 있는 건가?" 누가 물었는지 알 수 없었다. "맞아요. 내 아버지 무덤이니까 내가 가장 잘 알아요." 내가 대답했다고 했다. 하지만 너는 착각한 것일지도 모른다고 생각했다. 너는 내 얼굴에서 감정을 읽으려 노력했다. 아무것도 읽을 수 없었다. 우리는 서로의 얼굴을 계속 바라보았다. 사람들의 목에는 똑같은 십자가 목걸이가 걸려 있었다. 너는 아직도 꿈속에 있는 것처럼 표정 없이 말했다. "그런 꿈을 꾸었어." "좋은 꿈이었어?" "아버지가 죽어 있었어. 꿈이니까 우리는 슬프지 않았어." 나는 슬프지 않았다.

다만 눈이 내리는 풍경

눈이 내린다. 무수한 검은 눈동자들이 내린다.

내린다. 내리고 있다. 눈송이라는 개념이 내린다. 허공의 층이 내린다. 온몸으로 머물렀다가 떠나면서 눈송이들이 태어나고 있다. 끝나지 않는 눈송이들이다. 끝나지 않는 눈이 내린다는 개념이, 풍경이라는 개념이 내린다. 순수의 상징이 내린다. 구체적인 차가움이 내린다. 이 모든 반복이, 반복이라는 단어가 내린다. 창백하게 질린 어둠이

내리고 있다. 아무 일도 일어나지 않는다. 이 순간을 간직하라, 이것이 삶이다, 눈송이는 말하지 않는다. 내리고 내리고 유일한 목적이고 유일한 의미다. 저 눈송이를 보라. 그대가 무엇을 보든 그것이 진실이다. 나는 진실을 말한다. 지금 눈이 내린다고

누구라도 말할 수 있다. 누구라도 이 자리에 있을 수 있다. 그래서 내가 여기 있다. 거듭해서 나는 말한다. 반복해서 말한다. 지금 눈이 내리고 있다. 온 세상에 내리고 있다. 내 모든

존재로 눈이 내리고 있다.

　보라, 눈송이 하나에 압도당하는 여기 보편의 인간을
　보라, 이파리 한 장 흔들리지 않는 무정한 풍경을

　그러나 삽으로 밀고 가는 남자. 검은 우비를 입고 다만 눈을 미는 남자. 제 몸집보다 큰 삽을 들고 걸어온다. 바닥을 민다. 거듭 반복되는 몸짓이 저 눈송이들의 산을 키우고 있다. 남자보다 훨씬 덩치 큰 눈송이들의 산이 저기서 숨 쉬고 있다. 그러나 남자는 반복한다. 잠시 멈춘 배경 안에서 남자는 유일하게 풀어지고 있다. 이 순간에 속하지 못한 저 남자 앞에서 다만

　응축된 빛의 결정이 내린다. 무수한 사건들의 교차점이 내린다. 폭력과 불신과 타협으로 점철된 뻔한 깨달음이 내린다. 인류의 역사가 내린다. 신이 내린다.

바위의 딸

 나의 아버지는 얼굴이 없다. 유리창 너머, 늘 웅크린 등으로 앉아 담배만 피우는 사람. 저 등은 검고 매끈하고 둥글다. 꼭 물가에서 발견한 바위 같다. 평평해서 가만히 손바닥을 대보고 싶다. 따스할 것 같고 마음이 평온해질 것 같고 충분해질 것 같은 바위. 그러나 친구가 여행지에서 보낸 엽서의 사진으로 본 거라 실제로는 만져볼 수 없고 그냥 아, 그랬겠구나, 좋았겠구나, 상상만 해볼 수 있는 바위. 이 세상 어딘가에 그런 바위가 있구나, 생각하면서 위로받는 바위. 눈을 뜨면 어두운 내 방, 어지러운 내 방, 그래 그런 바위가 여기엔 없구나, 어쩌면 나는 죽을 때까지 못 만져보겠구나, 생각하게 되는 바위. 사채업자들에게 끌려간 어느 날이 있었다. 그때도 아버지는 담배를 피웠을 것이다. 바위처럼, 평화롭고 따스해 보이는 저 홀로의 바위처럼. 감정을 모르므로 아픔을 모르므로 나는 바위의 딸이었다. 열다섯 여름, 돌 하나를 버렸다.

2부
꿈꾸지 않았다 그러나

빨래

  베란다에 소녀가 쭈그려 앉아 있다 손가락을 따라 패인 빨랫비누가 있다 소녀는 블라우스 칼라 양쪽을 바투 잡는다 흰 블라우스는 부모의 사랑을 증명한다 늦은 오후

  소녀는 소녀를 증명하기 위하여 손아귀에 힘을 준다 빨랫비누 냄새는 기침을 유발하고 소녀는 한낮의 증오를 간신히 목구멍으로 토해낸다 모든 것이 비좁다 저 광활한 거실 가구 하나 없이 모두를 기다리는 저곳에서도

  감금은 이루어진다 며칠째 방 밖으로 나오지 않는 언니의 비명을 비누로는 지울 수 없다 멀쩡히 달려 있는 두 귀를 비누로는 지울 수 없다 어둑해지는 거실을 지나 문을 벌컥 열고

  땀과 침으로 푹 젖은 언니의 얼굴을 소녀는 닦아준다 빨랫비누가 삼켜버린 소녀의 손가락으로

  언니의 꿈과 숨을 지워준다 언니는 어린아이처럼 얌전히 두 눈을 깜빡인다 소녀는 소녀를 사랑하므로

  걔들은 귀신이야 사랑 귀신 누가 더 사랑받는지 보지 않아도 만지지 않아도 다 알고 있어 귀신은 냄새를 맡아 피 냄새 눈물 냄새 오줌 냄새 짐승과 약자의 냄새……

  까무룩 빛이 꺼져가는 언니의 눈동자를 소녀는 손바닥으

로 쓸어준다

　　난 언니가 안됐어

　　소녀는 잠든 언니의 얼굴 끝까지 흰 이불을 덮어주고 베란다로 돌아간다 피멍이 번져가던 오후의 하늘이 뚝, 뚝, 빗방울이 되어 투신하고

　　빨랫비누 냄새 진동한다 소녀의 머리칼이 표백된다 기억이 표백된다 집이 표백된다 열린 창밖에서

　　투신하는 빗방울의 머리통 터지는 소리 경쾌하다

지우지 않겠습니다

주먹을 쥐었다 폅니다. 지우개가 없어요. 아무리 있다 믿어도 주먹을 펴면 비어 있습니다.

닿지 않는 곳에 있어도 훤히 알아야 하는 거 아닌가요? 티셔츠에 묻는 김치 국물처럼 아, 오늘도 수고했구나, 나를 향한 위로 아니었습니까?
실수도 경험이라면서요. 미래는 무한하고 누구에게나 공평하다면서요. 삶이란

증명할 필요 없는 것 아니었습니까?

두부를 닮았어요, 지우개는.
이런 앙상한 비유라도 없으면
입도 뻥긋 못합니다. 나는

쉽게 상하는 거라면 좋겠습니다. 까닭 없이 가려워지는 피부를 손톱 세워 벅벅 긁으며

사람은 누구나 입에 수저를 물고 태어난다던데

나에겐 지우개가 없어요. 마음껏 게을러질까 했는데
책에선 성공한 사람들의 목소리가 들려요. 가난도 절망도 최고가 아니면 할 말 없습니다.
'모두 당신의 자존감 탓이다' 유튜브 썸네일도 크게 말하는 시대입니다.

루저.
곰팡이.
너보단 똥이 상큼할 거다.

자기혐오도 믿는 구석이 있을 때나 가능한 일

마트라도 가야 할까요? 오트밀, 양배추, 귤…… 저렴해도 영양소는 남부럽지 않은 것들을 잔뜩 사볼까요? 걸려 있는 외투를 바라보며 꼼지락꼼지락

나도 내가 지워졌으면 싶어요.
그럼 지구 환경에라도 도움이 될까 싶은데

지금은 검색 중입니다. 무지 미술용 지우개 열 개, 한 묶음에 2,500원.

혹시 압니까? 애쓰다 보면 십 원이라도 더 절약할 수 있을지.

나는 절망마저 어중간한 사람입니다.

문제아

익숙한 버스를 타고 익숙한 육교를 건너고 익숙한 언덕을 올랐다 네가 너였던 곳에서

어떤 서사도 너의 것이 아닐 때 어떤 이유도 거짓이 되고
너의 선의가 민폐가 되고
너라는 존재가 수치가 될 때

고개를 들라
우물거리는 입속

슬픔을 들켜라 더욱 슬퍼하라 슬픔을 회피하는 사람들에게
슬픔이 무릎이라 말하는 사람들에게
증명하라 슬픔의 단단한 이빨을

한 남자애가 축구공을 뻥 찬다 축구공이 높이 올라간다
잠시 허공에 멈춘 축구공이 제자리를 맴돌 때

더는 상승을 꿈꾸지 않고 추락만을 공격적으로 준비할 때

공을 둘러싼 사람들이 모두 웃고 있을 때

속지 마라 공은 감정이 없다 함부로 뻥뻥 차이고 밟히면서 공은 공의 역할을 하고

오후의 리듬은 뜨거워진다 우르르 몰려다니며 운동장 피부를 찢는 발들 피부를 벌리는 발들 짓밟고 쿵쾅거리며 해맑은 발들

죽음과 삶의 경계
공은 생각하지 않는다 신음하지 않는다 남자애들의 웅장한 환호 속에서
터진 공이 바닥에 널브러진다 멈추지 않는 발들이 찢긴 공을 차는 동안

울타리 안과 울타리 밖
어디에서도
너로 살아갈 수 없을 때

입이 막히고 쏟아진 구둣발이 피부를 찢던 날에
초여름의 녹슨 공기 입안을 가득 메우고

이것이 너다 이렇게 찢어지는 육체가 널브러지는 육체가 짓밟히는 육체가 냄새나는 육체가 쉽게 벌어지는 질과 뭉그러지는 유방으로서의 너다 열다섯 스물 스물다섯 숫자가 매겨지는 너다 토하고 피 흘리고 메마르고 퉁퉁 부어오르는

이것이 너다 이것만이 너다
세계 전체가 강요하는 것 같을 때

너는 일어섰다 도움을 청했다 거절도 당했다 비명을 지르고 쫓겨나고 끌려가는 순간에도

수치를 느꼈다 아직 남아 있는 존엄이
포기할 수 없는 인간 됨이
너를 울타리 밖에 세웠다

너, 사고 치고 학교 잘렸지?

몇 번이고 추락한 공이 다시 날아올라 추락을 새롭게 도모할 때

힘껏 웃어라
너의 단단한 이를 보여라

끝에서

당신이 한낮의 꿈이라면 좋겠어

눈을 감고 내가 보는 당신은
일단은 웃고 보는 사람 눈물이 쏟아지면
힘껏 쏟아버리고 일어서는 사람
아프면 고기를 구워 먹고 뒷산에 오르는 사람
평생 일하는 사람
갇힌 남편의 안부부터 챙기는 사람
안䀹암에 걸린 사람

참 쉽지
한 사람을 안다고 믿는 마음은
사랑과 증오는 하나라고
설명하는 입술은

당신은 조금씩 키를 낮추고 허리를 굽히고
요동치는 바다의 살결을 본다
금방이라도 뛰어내릴 듯한 자세로

다 움켜쥐고
돌이라도 될 작정인가

부글거리는 바다 가만히 있는 순간에도 끓어오르며 터져오르며

바다를 견디는 바다

눈이 시리다 소금기는 위험하다던데 사람도 기계도 쉬이 망가트린다던데

아무것도 버리지 못해 모든 것을 버린 것이나 마찬가지였던 당신의 시절
그 시절 안에 내가 있었지 당신이 모든 것을 움켜쥐고 버티는 동안
난 버리는 연습만 했지

정말일까? 아무리 불러도 돌아보지 않는

알 수 없는 기억이 알 수 없는 통증이 안다고 믿었던 한 사람이
바람에 실려온다
두 뺨을 갈기며 정신없이 부는 바람

스스로 부딪치며 찢어지는 바다
쉬이 꺼지는 흰 손가락들
검은 암석을 쓰다듬으며 쓰다듬으며

소용없어

시력을 잃어가는 공포를 상상해본다
흐린 시력으로 가늠하는 바닷속을 상상해본다

맑고 깊은 바다
겹겹의 빛이 지층처럼 쌓여 물결치는
저 빛나는

선명한

검정

그 안에 뭐가 있는데

그런 곳에 있어봤자 뭐가 있는데

돌아본 당신이 검은 실루엣으로 웃는다 여기 참 물이 맑다고

아름답다고

생물 시간

식물은 꽃을 피우고 벌과 나비를 유인한다
씨앗을 키우기 위해서
폭죽처럼 온 생을 터트리고
쓰레기가 된다

유충과 성충

봐도 봐도 놀라운 장면이었다. 밤사이 새까맣게 올라온 공벌레들로 세면장 벽과 바닥이 윤이 날 지경이었다. 기적이 있다면 이런 게 기적 아닐까. 신은 이 벌레들을 통하여 우리에게 무엇을 가르치려는 것일까. 밟혀 으깨지는 벌레들을 보면서 끈질기게 성장하던 참이었지만

엄마의 피로는 더 끈질겼다. 항상 화를 내고 팬티엔 생리대가 붙어 있었다. 그것을 부정출혈이라고 한다는 것을, 그러니까 정상이 아니었다는 것을 나는 어른이 되어서야 알았다.

새끼엔 독이 있대.
무표정하게 엄마는 경고만 던지는 사람이었고

우리는 지독하게 가난했다. 그 집엔 변기도 변변한 부엌도 없었다. 씻으면 욕실이 되고 버너의 불을 켜면 부엌이 되는 방문 밖 세면장으로부터

벌레들은 방까지 침투했다. 전진하다가 움찔거리며 발을

숨기던 벌레들
    죽음의 경계를 넘어가며 웅크리는 전심을 상상할 때면

    나를 가로막는 벽이 있었다. 벽은 단단하고 차가웠다. 무언가 젖어 썩어가는 냄새가 났다. 그것은 어린 내가 일찍 눈치챈 미래의 감각.

    지친 엄마는 고무호스 끝을 누르고 살아 있는 벌레들을 쓸어버리기 시작했다. 산 채로 떠내려가는 벌레들을 보면서
    고통이 생명을 진화시킨다던 말을 떠올리곤 했다.

    초경이 시작되던 날
    캄캄한 땅굴을 기는 꿈과 어두컴컴한 방 안이 구분되지 않았다. 배를 움켜쥔 채 어찌할 바를 모르던 나는

    수챗구멍 소리에 깨어났다. 살아 있는 무언가의 거친 호흡 같은
    배꼽 아래에서 시작된 통증이 수천수만 개의 발을 달고

전신을 기어다니며

   내가 무엇이 되어가는 중이라고 말하는 것 같았다.

   너 여기에 살아?

   집 앞에서 짝사랑하던 반장과 마주쳤다. 숨을 수는 없었다. 밤에는 어린 동생을 하원시켜야 했다.

   공벌레에게 아가미가 있다는 것도 어른이 되어서 안 사실 중 하나였다. 벌레라고 불리지만 사실 벌레가 아니라는 것도.

그해 겨울

마침내 전기가 끊겼고
어른들이 찾아왔다 날마다 불어나는 숫자를 수기로 적어 주며
그들은 아무것도 묻지 않았다
다행이었다 아침이면 허리를 세우고 앉았다 힘겹게
시작해야 할 일과라도 있는 것처럼
우리는 천변까지 걸었다 제 몸보다 커다란 잉어를 먹으려 버둥대는 청둥오리들
신이 우리를 보는 기분이 이런 것일까
묻지 않으려 노력할 때마다
발가락에 힘이 들어갔다
겨울은 끝나지 않을 것 같았다 다행이었다 뭐든
단단해지는 겨울 안에서
길거리의 아이들은 목도리의 둥근 품속에 얼굴을 파묻고
각자의 불빛을 따라서 갔다 어떤 망설임도 없이
날개 없이도 다리 없이도 벌레들은 끝까지 버둥거렸지만
우리는 벌레가 아니었다
발이 뜨거워 발이 뜨거워 동상에 걸린 발가락을 쥐고 울

던 어린 동생 앞에서

    나는 이목구비를 버리는 일에 성공했다

    눈이 없으므로 눈감지 않았다

    잠들지 못했으므로 꿈꾸지 않았다 그러나

    아침이면 우리는 버려진 첫날인 듯

    유리문의 잠금쇠부터 풀었다 믿지 않으려 해도

    거리엔 매일 빛이 넘쳐났다

외국인의 편지
—언니에게

 돌도 오래되면 삭는다는 걸 알고 있니? 콜라 같은 어둠이 흘러내리는 오후 다섯 시, 이 언덕에선 매일 종이 울리지.

 성당 외벽을 닦다 보면 이따금 쥐들과 눈이 마주쳐. 제 꼬리가 얼마나 긴지도 모르고 구멍 속에 얼굴부터 처박지. 가여운 것들, 비스킷 몇 조각 탐냈을 뿐인데.

 아직도 너의 휴대폰은 무음이니? 이사 간 집에서도 초인종부터 부수니?

 눈 찢는 흉내를 내며 십 대들이 지나가네. 이런 분노에 대해서라면 얼마든지 설명할 수 있지만

 이곳에서 난 더 이상 쥐새끼가 아니야. 이해할 수 있겠어? 양지를 찾아다니며 젖은 몸을 말리지.

 언니, 이곳은 정말 아름다운 도시야. 부서질 듯 현관을 두드리는 사람도 함부로 전화벨을 울리는 사람도 없어. 유리창

이 깨지면 사람들은 나부터 의심할 테지만

　나에겐 역사도 깊이도 없지.

　충치처럼 흔들리는 발끝을 감추고 구경하곤 해. 성당을 나서는 사람들의 희고 둥근 얼굴들.

　덫에 걸린 쥐들을 수거하러 갈 시간이야. 이해해? 기포처럼 사방에서 터지는 하모니 하모니 사체 위로 쏟아지고

구멍

―동생에게

쥐들은 영리하고 대담했어 어제는 싱크대 밑, 오늘은 부엌 입구, 내일은? 모레는? 상상만으로 온몸이 따가웠는데
버려진 겨울은 끝나지 않는 구멍이었지
불안과 불가해함, 어떤 내면도
추위 앞에선 무용지물

우리는 서로를 안고 게걸스럽게 체온을 탐했지 혼자가 아니라고 생각하면서
이런 게 사랑이구나 오해하면서

네가 가봐 언니가 가봐 서로의 몸을 밀치며 우린 쥐구멍을 맴돌았지 너머에 뭐가 있을까 공포는 상상을 훌쩍 뛰어넘었어

배고픈 쥐는 사람을 뜯어 먹는대
어떤 사람은 조금씩 뜯어 먹혀서 손을 절단했대
어디서 너는 잘도 그런 이야기를 주워 왔고

기억하니? 구멍은 조금씩 넓어졌어 쥐가 없는 순간에도 구멍은 점점 넓어져 가만히 보고 있으면 빨려 들어갈 것 같았지 구멍을 보지 않으려고 등지고 앉아 창문을 보면 시력이 먹히는 것 같았고 이따금 낯선 어른들이 찾아와 어른들은 어디 갔냐고 다그쳤지

동생아, 사람들은 유년을 떠올리며 향수를 느낀대 예술 같은 것을 한대 그런 사람들의 유년은 여린 풀로 덮인 작은 언덕 같은 거래 그런 건 가지고 있는 게 아니라 그냥 그 사람의 일부래

알겠니? 아무리 멀리 가도
우린 안 돼

비밀 하나 말해줄까?

구멍을 들여다본 적 있어 구멍의 벌건 내장들 하나로 뭉쳐져 버둥거리는 갓 태어난 새끼들 끝내 아무것도 못하고 돌

아셨을 때

    어미 쥐와 눈이 마주쳤어 작은 발로 빵 조각을 움켜쥐고서 나를 빤히 보았지 새까맣고 맑던 그 눈동자는 텅 비어 있었어

    채워주고 싶었을 만큼

스테인드글라스

느껴지지 않는다 그저 눈뜨고 있을 뿐

그날 내가 찾은 건 선생님이었다 학교도 아니었는데
도와달라고 제발 어디서든 나타나달라고
선생님 선생님 부를 이름이 그것뿐이었는데

분열된 채 각자의 색채로 고여버린 사물들

숨 쉴 때마다
기도를 따라 잔가시가 돋는다 식물도 아닌데
반년 사이에 다 살아버린 기분이다

언제든 돌아오란다 자퇴시는 보관해두 겠단다 서랍 안에서
담임이 스카치 캔디를 꺼내준다
손안에 맺힌 사탕의 빛깔 사탕의 온기
침이 고이고 추위를 느끼는 구체적인 허기

이제 나는 안다 흐르던 피는 멈추고 벌어졌던 살점은 아문

다 흉터는 사라지지 않아도 희미해진다 매 순간 어떤 생명은 끝장난다 이것은 특별한 일이 아니다 꿈속에서도 사건은 종결되고 다음의 사건이 예비되고

    시간은 흐른다 각자의 자장 안에서
    사물은 낡아간다 떨어지고 뒹굴고 부서지면서

    세계의 총량은 바뀌지 않는다 한 사람의 내면이 끝장나면
    또 한 사람의 내면이 시작되는 것이다

    돌아오지 않아요
    이건 저의 선택이에요
    목소리가 자신의 몫을 해낸 후에도

    감정이 이파리처럼 돋아나려고 한다
    식물도 아닌데 나는
    빛과 온기를 탐하고 있다 바깥을 꿈꾸고 있다 유리창 너머

벤치 아래 단풍잎이 쌓여 있다 피 흘리는 것 같다 저 핏속에 두 손을 묻은 채 젖고 싶어

그러나 이제 나는 안다

벤치는 피 흘리지 않는다

눈사람

앞에서 멈춰 서게 된다
허물어지는 얼굴로 묻는 것 같다

기대할 것이 없는데도 기다리는 지루함을
이곳이 안이라고 믿으며
유리창에 어른거리는 날갯짓 같은 것을 유심히 관찰하며

나무가 앙상한 가지를 매달고 있는 이유를 묻는 것 같다
 가지에 잎이 돋고 꽃이 피기도 한다는 사실은 꿈에도 생각하지 못한 채

 봄과 희망과 사랑을 이야기하는 사람들의 목소리를 받아쓰기하듯 내면에 새겨넣으며
 의미도 모르는 노래를 중얼거리는 것 같다

 죽음과 평화를 같은 단어로 알고
 날마다 신의 구원을 기다리며 존재의 의미를 묻고
 꽃을 본 적 없어서 꽃의 아름다움은 모르지만

나무는 씨앗을 들쥐는 새끼를 품기 위하여 부지런히 겨울을 산다 배운 적도 없는데
본능으로 깨닫고

사람은 재미 삼아 무언가를 만들기도 한다는 사실은
꿈에도 생각하지 못한 채

생경한 나뭇가지가 꽂히고
척추를 가르는 톱날 같은 빛

집요하게 묻는 것 같다 그 집요함이 분노인지 원망인지 아니면 사랑의 열병인지
뜨겁게 뜨겁게 세계는 눈발로 흩어지고

이런 게 기쁨인가요

이상하게 몸이 가벼워질 때

프레임

 나무 아래에 앉아 버거를 먹는다. 어쩌다 여기까지 왔는지, 배를 채울 만한 실내가 정말로 없었는지, 너는 식사를 시작했다. "어디 명태 맛 좀 볼까?" 평소처럼 너스레를 떠는 이곳은 평화롭다. 액정 속의 화면처럼 패티에서 아무 맛도 나지 않는다. "새우버거는 원래 새우 함유량을 표시하지 않아도 된대. 그런데 그걸 사람들이 명태로만 만든 거라고 착각한 거야." 입술에 묻은 소스를 핥으며 네가 하품을 한다. 피곤할 것이다. 너무 오래 길을 헤맸던 것이다. 어느새 버거를 다 먹은 네가 포장지를 구기며 얼른 집에 가자고 한다. 하지만 이곳은 꿈속이다. 너를 속이고 싶진 않지만 나는 아무것도 잃고 싶지 않다. 과거도 부모도 없이 태어난 네가 나무에 머리를 기대고 꾸벅꾸벅 졸고 있다. 이것이 원래 새우의 맛이라고 애써 생각하면서 나는 패티의 무감각을 음미한다. 매미 우는 소리가 커지고 있다. 나무줄기엔 아직 껍질을 벗지 않은 유충들이 징그럽게 살아 있을 것이다. 그러나 그것은 바깥의 사정이므로 "언니가 집에 가는 길 알고 있지?" 네가 보지 않아도 나는 고개를 끄덕인다.

밤이 세계의 뒤집힌 안감이라면

 너는 너구리 이야기를 들려주었다. 풀숲에 눈을 반짝이는 무언가가 있었다고. 천변의 주위는 풀 아니면 물이었고 너는 분명 이쯤 어딘가에서 너구리를 보았다고 했다. "확인했어?" 내 물음에 너는 무서워서 확인은 못 했지만 소문이 돈다고 했다. 산책하던 작은 개들이 너구리에게 공격받는다고, 어떤 사람은 자전거를 타다 넘어졌는데 너구리가 공격했다. "죽었대?" "거기까진 몰라." 밤이 하루의 뒤집힌 시간이라면, 뒤집힌 세계엔 너구리가 살고 있구나. 보지 않으려 해도 무성하게 자란 풀들에 자꾸 눈이 갔다. 곰곰이 무언가를 생각하고 있었는데 정신을 차려보니 작은 펜스가 풀숲 아래 숨겨져 있었고 〈야생 너구리 주의〉, 푯말 앞에서 우리는 엉거주춤 자세를 낮추고 풀숲 안을 훑어보았다. "만약 보면 어떻게 할 거야?" "위험할까?" "모르니까 위험하지." 무서워져서 나는 너구리 이야기를 그만하고 싶은데 너는 계속 너구리 이야기를 했다. "너구리가 공격할 땐 다 이유가 있대." "그게 뭔데?" "나야 모르지." "설마 죽기야 하겠어?" 내가 말하는 순간 흰빛이 번쩍였다. 우리는 말없이 계속 걸었다. 길이 끝날 즈음 갑자기 네가 멈춰 섰다. "죽을 수도 있지. 왜 그런 생각은 안 해?" 나는 무슨 대답이라도 하려고 했지만 목소리가 나오지 않았다. 너의 발밑에서 피가 흐르고 있었다.

3부
나는 치사량의 침묵

타이레놀

"모든 여성은 새다."
—엘렌 식수

깨보겠다고 달려들다가 깨져 죽고 달려들다가 떨어져 죽고 달려들다가 부러져 죽고 가만히 웃다가 노래 부르다가

죽고 죽고 죽고

이런 결말은 너무 뻔하다며 지겹다며 새로운 이야기 좀 해보라며
케케묵은 새와 빛과 미래와 여름
애도와 윤리와 희망

잘도 지껄이는 인간 놀음에

알들이 깨어나지 않는다
이대로 창백하게 질린 백색의 무형이 되겠단다
너도 입 닥치고 합류하란다

스스로 죽는 새를 보았다 전속력으로 날던 새가 간판에 머리를 박고 고꾸라졌다 탄성이 있었고 시선들이 있었고 애

도는 없었다 허공을 향하여 뒤집어지던 눈동자, 뒤집힌 새의 눈동자가 새의 내면 안에 처박혔다 영원히 새 안에 새로 갇혔다 죽음은 어디에서도 찾아오지 않았다 죽음은 새 안의 새였다 새로부터 흘러내린

    날개는 내내 미끄러지던 손
    마침내 땅을 짚던 순간이었다

    단순해지고 싶었다
    어수선하게 흩날리는 깃털들이
    모두 가라앉을 때까지

    천변에 앉아 약을 까서 삼켰다

애도는 없었다 딸깍딸깍 플라스틱 껍질을 깨고 나오는 흰 알약들이 있었다 반복이 좋았다 반복이 좋다 납작하고 둥근 단순함이 좋다 1회 1정씩이라는 명쾌한 용법이 과다복용이라는 손쉬운 일탈이 좋다 제각각의 속도로 부서져가는

아름다움 거절합니다
낭만적 거짓 거절합니다

경찰들이 몰려왔다 구조대가 몰려왔다 청진기를 들고 다급하게 돌진하는 손들이 있었다 다시 탄성이 있었고 시선이 있었고 애도는 없었다 결박하는 힘들이 있었고 새의 세계는 없었다 그리고 나는

치사량의 침묵

☾ 이 비유를 나는 거절한다.

수속

하지만 얼마나 멀리 가야 하는 걸까 복잡한 외래진료실을 지나 우리는 어느새 정형외과 병동에 있었다 팔이나 다리에 깁스를 한 채 수액걸이를 잡고 환자들은 뒤뚱거렸다 나는 흰 가운을 입은 사람을 따라가던 중이었다 의사는 더는 내가 위험하지 않은 곳으로 보내주겠다며 그를 따라가라고 했다

나는 잠자코 그를 따랐다 그가 너무 바빠 보였기 때문이다 눈앞에서 한 환자가 자신이 밀던 수액걸이에 걸려 넘어졌다 넘어지는 환자를 피하려다가 그를 놓쳤다 나는 바짝 긴장한 채 재빨리 출구로 나갔다

내과 병동이었다 점심시간인지 병실들의 문이 활짝 열려 있었다 침상에 기댄 환자들은 흙덩어리 같았다 식판 앞에서 느리게 움직이는 환자복의 형체가 그들이 사람임을 알려주었다 한참을 들어온 것 같은데 복도는 여전히 끝나지 않았고

갑자기 우측 비상구 문이 열리더니 그가 나타났다 서두르라고 했다 그를 따라서 나는 어두컴컴한 비상계단을 빠르게

내려가다가 다른 문으로 나갔다 표지판에는 너무 많은 이정표가 있었다 얼마나 더 가야 하는 걸까 병원은 거대한 개미집 같았다 나로서는 아무것도 이해할 수 없었는데

    우리는 어느새 암 병동에 있었다 의사 몇 명이 반대편으로 뛰어가고 있었지만 대체로 병동은 평온했다 병실 밖의 트롤리에는 식판들이, 간호사의 트롤리에는 다 쓴 소변 팩과 구겨진 대변 패드가 쌓여 있었다 온갖 사람들의 냄새, 온갖 신음과 경련의 냄새, 냄새의 진탕 속에 빠진 기분이었는데

    거대한 철문이 우리 앞을 가로막았다 바닥부터 천장까지 세워진 철문 앞에서 나는 기가 눌렸다 그대로 납작해져 모든 숨이 빠져나갈 것 같을 때

    문이 열렸다 그는 간호사에게 나를 인계한 후 인사도 없이 돌아섰다 많이 바쁜 것 같았다 그는 우리가 지나온 병동들을 거꾸로 돌아서 가야 할 것이다 언젠가 나는 그 병동들을 다 지나야 할 것이다

진료실에서 의사는 지금 나에게 가장 위험한 것은 나라고 했다 예상할 수 있는 사건으로부터, 내가 일으킬 모든 비극으로부터 나를 지키겠다고 했다 그것이 의사의 일이므로 동의하지 않는다면 강제로라도 일을 처리하겠다고 했고

나는 대답했다 나의 힘으로 모든 일을 처리하겠다고

정돈된 방 안에서 플라스틱 바구니에 속옷까지 벗어 넣었다 환자복을 받아 들었다 수의가 이런 느낌일까 나도 모르게 떠오른 생각을 멀리 밀어내면서 환자복을 입었다 정신 병동에서는 소독약 냄새만 났다 온몸이 차갑게 굳었다 간호사는 내가 들고 있던 물건들을 빼앗고 반대편 문을 열었고

복도의 양쪽에서 줄지어 선 환자복들이 걷고 있었다 저 끝을 향하여 멀리 걸어갔다가 다시 이쪽으로 돌아오고 있었다 슬리퍼 끌리는 소리만 귓가를 따갑게 때리는 그곳에서 나는, 내 모든 것을 들고 돌아서는 간호사의 등을 한참 바라보았다

살균

이곳에서 나는 주목받지 않는다.
모든 것이 하얗다.
벽과 세면대와 이불과 구분되지 않는 환자들의 창백한 얼굴,
너무 희어서 푸른 간호사들이 스테인리스 트레이를 들고 온다.
내 몫의 약봉지와 종이컵도 있다.

가습기 연무 속에서 끊임없이 움직이는
양서류의 피부처럼 끈질기게 숨 쉬는 그림자.
살아 있다, 나는 살아 있다, 서서히 늘어났다가 흔들렸다가 흩어지면서,
내 숨에서 표백제와 살균제 냄새가 난다.

당신은 모른다. 절망이 얼마나 다정한지를,
밤 열 시면 일제히 소등되는 복도
온몸이 묶여 누워 있는 밤이 얼마나 포근한지를,
결코 모를 것이다. 나는 개구리알처럼 물컹한 눈을 뜨고
섬세한 흔들림으로 느꼈다. 시간이 흰 드레스 자락을 끌고

복도로 나가고 있었다. 나는 드레스 끝자락을 쥐고 버텼다.
가지 마세요. 엄마, 결혼하지 마세요.

트레이에는 내 몫의 약봉지와 종이컵도 있다.
우릴 서서히 죽이려는 거야.
건너편 침대에서 한 환자가 입술로만 말한다. 나는 고개를 끄덕인다.
약을 삼킨 뒤에는 혀를 들어서 빈 입안을 보여주어야 한다.
시야에서 풍경이 터져 흘러내리고

텅, 텅, 허공을 튕기는 매트리스 스프링
텅, 텅, 뼈가 부러지고 피와 살의 곤죽이 된 나
맨발의 귀신들이 내 곁에 앉아 있다가
조용히 일어선다. 내 몫의 빈자리를 본다.

흰 뱀들

연무는 유일하게 움직이는 것, 소등된 병실에서 서서히 형체를 드러낸다. 사라졌다고 생각한 순간 뚜렷한 흰 뱀의 숨소리 같다. 그러나 연무는 흰 뱀보다는 흰 뱀의 죽음과 닮았다. 매 순간 시작되면서 사라지는 연무. 흰 천처럼 조용히 우리를 덮는 연무. 점점 더 우리를 희미하게 만드는 연무. 머리부터 발끝까지 덮인 연무에 우리는 조금도 저항하지 않았다. 그렇다고 우리가 쉽게 순응했다는 말은 아니다. 그렇다고 우리가 스스로 희미해지고 싶었다는 말은 아니다. 연무는 굳이 따지자면 살아 있는 것에 가깝지만 죽음과는 아무 관련이 없었다. 흰 뱀의 죽음이라면 몰라도. 들어본 적은 있지만 직접 본 적은 없는 흰 뱀과 죽음이 나란히 누워 있는 곳에 우리가 나란히 누워 있었다. 흰 뱀을 보았다고, 그 곁의 죽음을 보았다고 말한 우리는 거짓말을 한 것이 아니다. 당신은 우리를 흰 뱀 취급했다. 한방에 몰아넣고 작은 유리창으로 우리를 지켜보고 있었다. 정신병자들. 그렇게 말할 때 당신은 잠시나마 기뻐 보였다. 그래서 우리는 우리가 자랑스러웠다.

비정상

 노인은 항상 고무나무 화분 옆에 앉아 있었다 물음표처럼 굽은 등으로 무릎을 껴안고 움직이지 않았다 근처에 벤치가 있어도, 누군가 말을 걸어도, 온종일 그곳에 앉아

 창 너머를 바라보다 병동은 뒤뜰 쪽에 있었다 누렇게 변색된 아크릴 창, 날카로운 빛의 테두리가 부드럽게 뭉개지기 시작하면 곧 저녁이었는데

 고무나무는 어둠을 모르는지 파랗게 파랗게 천장을 향하여 줄기를 밀어 올렸다 팽팽하게 긴장한 채 휘어진 줄기는 천장을 타고 창 쪽을 향하여 힘껏 뻗었다 그 끝에 매달린 작은 이파리 하나, 아크릴 창에 바싹 달라붙어 있었다

 빛을 제대로 받지 못한 이파리는 창백했고 곧 시들어 떨어질 것 같았다 차라리 내가 떼어줄까, 그쪽이 덜 괴롭지 않을까, 생각했지만

 고무나무 화분 옆에는 항상 노인이 앉아 있었다 아무리

이른 아침에 깨어나도 나보다 먼저 일어나 그곳을 지키고 있었다 무엇을 지키려는 것인지 알 수 없는

   바깥은 겨울이었다

   어느 아침에는 창틀에 눈이 쌓여 있었다 열리지 않는 창 위로 손바닥을 바짝 붙인 채 눈의 온도를 훔치려 할 때

   위험해요!
   간호사가 외쳤다

   노인이 의자 위에 올라 서 있었다
   대한 독립 만세!

   창가의 이파리는 언뜻 바깥에 쌓인 눈에 닿은 것처럼 보였다 힘껏 줄기를 창틀 쪽으로 끌어당기면서

   만세! 만세!

만류하는 사람들을 뿌리치면서 노인은 힘껏 치켜든 팔을 내리지 않았다 부들부들 떨면서도

창 너머를 쏘아보고 있었다 무엇을 보고 있는지 알 수 없었지만
분명 싸우고 있었다

서빈백사

뭐든 주머니처럼 뒤집을 수 있다면 무엇을 가장 먼저 뒤집어야 할까요?

같은 질문을 하게 만들던 아침이었습니다. 무작정 해변으로 갔어요. 흰모래가 있는 해변이었습니다. 부서진 산호초들이 흰모래라고 불리는 곳이었어요.

산호들은 바닥을 뒹굴며 부서지고 있었습니다. 웃음소리를 들은 줄 알았는데 파도가 부서지는 소리였습니다. 발바닥 아래에서 부서진 산호들은 또 무너지고 있었습니다.

흰모래는 빛의 색채를 빼앗았습니다.

흰빛은 차가운 바늘 같았습니다. 너무 차가워서 화상을 입을 것만 같았죠. 아주 잠깐 눈을 감고 있었을 뿐인데

다시 아침이었어요. 다른 아침이 이렇게 쉽게 시작된다는 걸 믿을 수가 없어서

무작정 걸었습니다.

산호는 죽어서 단단해집니다.
부서져서 날카로워집니다.

산호는 죽어서 자유롭게 뭍으로 오고 나는 더 깊은 바닥으로 갔습니다. 나를 뭍으로 밀어내는 물결을 거슬러

올라갔어요. 수없이 많은 파도를 부숴야 했어요.

부서진 파도의 파편들이 넘실거리며 나를 조금씩 베고 있었어요. 목 언저리에서 파도를 느끼며 기다렸습니다.

베인 살점이 완전히 갈라질 만큼 깊어진다면
내게도 아가미가 생길 수도 있지 않겠어요?

하지만 나는 나를 어떻게 뒤집어야 할까요?

더 많이 무너지기 위해 부서지겠단 말은 얼마든지 할 수 있었습니다. 뻔하기조차 하지요. 내가 진짜로 하고 싶은 말은

잘 해내겠습니다.

앙상한 가지

밤은 누구를 위하여 오는 것일까
이대로 내가 지워지면 좋겠다

술에 취해 어두운 베란다에 앉아 바닐라 아이스크림을 퍼먹는 밤, 좋아하지도 않는 아이스크림을 삼키며 달다 달아 중얼거리는 밤, 희고 누런 아이스크림이 꼭 그의 살덩어리 같아서 바닥까지 벅벅 긁으며 퍼먹는 밤,

어제까지 공사 중이던 빌딩이 오늘은 꼭대기까지 빛이 밝혀져 있다 아직 누구도 살아보지 않은 곳의 빛은 때가 하나도 묻어 있지 않아서

환하고 눈부시다는 단어가 없는
세계 밖으로 밀려나는 것 같다 나는 사라지고 내 몸만 남아 있는 것 같다

화분의 가지들은 빛이 들어오는 쪽으로 자라고 있고 기어이 자라고 있고 가지를 부러트리려다

화분 안의 돌을 움켜쥐면

오래된 마음에서 증오가 뼈처럼 자란다

돌과 내 손이 같은 온도로 식어간다

술에 취했는데도 끝내 아무것도 깨부수지 못하는 밤, 나를 사랑한다는 그가 세상에서 제일 무서운 밤,

움켜쥔 돌이 꼭 그의 뒤꿈치 같아서 놓지도 던지지도 못한다

어둠 안에서도 모든 것은 제자리에 있다 어둠마저도 제자리에 있다 아무리 부러트려도
마음은 무섭게 자라나고

시인 아닌 사람이 쓴 시

그는 나에게 사랑한다고 말했고
사랑 시를 발표했다 사랑은 가능하지 않으며
존재하지도 않는다고 말하는 시를
그런 사랑을 믿고 싶어서 괴롭다고 말하는 시를

이번 잡지에 실었다 나는 그의 시를 읽는다 그는 시인이고
나는 시인이 아니다 그는 시를 사랑하고 나는 시를 사랑하고

책상 위에는 두꺼운 잡지가 있고

나는 벌거벗고 있는 것 같다 아무리 옷을 껴입어도 눈밭
에 누워 있는 것 같다 거리에 쌓인 눈은 도무지
녹을 생각을 하지 않는다

아무 냄새도 나지 않는다
아 춥다 추워 죽겠다 아무리 말해도
나는 죽지 않고

그의 시가 실린 페이지를 만진다 서늘하고 매끈하다
이게 실물이구나
시가 뭔지 이번엔 확실히 알아야지 욕심낼수록

석고 알아요? 작고 단단한 석고 상자를 상상해봐요 그걸
안아봐요 그냥 느껴봐요
그는 나에게 시에 대해서 말하려고 시도했었다

희미하게 떠올랐다 사라지는 그 웃음을 만지고 싶어서
사랑하는 것을 계속 사랑하고 싶어서
힘이 들어가던 내 손안엔

머그컵이 있다
둥글고 단단한 이토록 하얀빛
손바닥의 주름 속으로 칼날 같은 온기가 스밀 때

그의 시 속엔 내가 없다 그의 마음속엔 우리가 없다
시를 읽을수록 나는 춥지 않은데

자꾸 몸을 움츠리며

그의 시를 찢는다
매끈한 페이지에 일부러 상처를 냈다고
그걸 똑바로 바라봤다고

물론 두려웠다고
지금 나는 쓰고 있는 것이다

홍옥

칼끝을 물고 있다.
이유 같은 건 없을 때가 많다. 접시는 하얗고
홍옥은 붉고
물방울은 껍질을 타고 미끄러진다. 핏방울처럼 보일 법도 한데
홍옥과 물은 섞이지 않는다. 이유를 설명하고자 한다면
충분히 설명할 수도 있지만
굳이?
쪼개진 과육이 하얗게 미쳐 있다.
작은 창문이 갈변하는 햇빛을 쪼개고 있다.
오늘은 견딜 만한 하루였다. 차가운 손가락이 견딜 만한 통증을 부르고
견딜 만한 크기로 빨갛게 부풀었다 되돌아온다. 그러나
입안 가득 들어차는 사과 향
볼 수도 만질 수도 없는 주제에
어떻게 이리 묵직할 수 있어 어떻게 이리
달콤할 수 있어
칼끝으로 과육을 찍어 입에 넣는다.

이유 같은 건 없을 때가 더 많아서
손끝에 피가 몰린다.

홍 매화 흰 매화 산책

 공원 산책길은 둥글게 이어져 있고 두 번이나 이사를 했는데 어느 동네에서나 공원은 둥글게 이어져 있고 공원이란 원래 둥근 것인가, 이 공원엔 매화가 피었다. 입구를 지나 출구를 지나 여기저기 출구가 있고 여기저기 매화가 있다. 흰 매화 붉은 매화가 있고 흰 매화는 흰 매화 붉은 매화는 홍 매화. 매화란 게 이렇게 생겼구나. 매화는 옛날 시에나 나올 거 같은데 매화를 보고 어떤 절개도 느끼지 않은 내가 어떤 향기도 맡지 못한 내가 괜찮은 건지 모르겠다. 병원에서는 자주 걸으라고 하는데 이렇게 끝이 나지 않는 같은 길을 걷고 있으면 내가 도망가는 건지 쫓아가는 건지 모를 지경이 되고 흰 매화 홍 매화 다시 흰 매화 다시 홍 매화. 흰 매화는 흰 매화처럼 홍 매화는 홍 매화처럼 예쁘구나. 활짝 피어 있구나. 여기저기 출구가 밖을 향하여 피어 있다. 생각에서 벗어나려고 빨리 걷다 보면 아까 내가 벗어났던 길이 더 빨리 나오는데 이게 뭐라고 여기저기 매화를 심어놓았는지 모르겠다. 한없이 가벼워지는 오후에 매화는 피어 있고 흰 매화 홍 매화 할 거 없이 화창한 평일 오후에 출구를 몇 번이나 지나치면서 나는 걷고 있다. 도무지 공원 밖으로 나갈 생각을 못 하고 나뭇가

지에는 지조니 절개니 그런 거 하나 없이 매화들이 걸려 있다. 곧 터질 듯이 터질 듯이,

앉는 연습

내가 사람이라니 믿을 수 없어
이런 고백은 너무 뻔하다
뻔한 것을 뻔뻔하게 믿어보려는 이 고약한 심보만큼
내게 절실한 것도 없어서

너는 책상이다 너는 책상이다 확신할 수 있을 때까지 두드려보고 만져보고 눌러도 보고

통유리 너머 나무들을 한 번씩 보기도 하면서
반복해서 중얼거리면서

책상 위에 얌전히 놓여 있는 두 손은 나무를 닮았다 똑 떼어내 수경재배 하면 무럭무럭 자랄 것 같은데 한번 해볼까 싶은데 한두 번만 더 죽으면 가능성 있지 않을까 싶은데

가능성이라니
이 와중에도 출구를 찾다니

나에게는 죽은 기억이 있다 몇 번이나 죽은 기억이 있다 정말 이제 마지막이구나 하고 쓰러질 즈음엔 기억을 잃어갈 즈음엔 두근거리기도 했다

나무들아 날 위해 복무해주렴 오늘은 반나절 가까이 머물 생각이야 통유리창 밖을 바라보면서 아무 노력도 하지 않는다 수많은 창문의 가능성 생각하지 않는다 감정도 고민도 없이 어쩌면 육체도 없이

공기를 좀 강탈해야겠다 공간을 좀 낭비해야겠다 너희를 착취해야겠다 나를 위해 복무해주렴 억울하면 사람으로 태어나지 그랬니 이런 생각, 사람만 하는 뻔한 생각

세계를 삼키는 자아라니
사물의 편에 선다니

죄책감 과잉
자의식 과잉

이제부터 너는 책상이다 죽은 나무다 가공된 나무다 나무의 죽음 이후에 나무의 죽음의 죽음 이후에 나무의 죽음의 죽음의 죽음의…… 지루한 쳇바퀴

나무를 훌륭히 연기하는 너희는 나무다 진짜 나무보다 더 나무다

우리 돌기

우렁차게 운다 열정적으로 운다 저 멀리까지 운다 목이 쉰 고양이처럼 운다 심심한 거북이처럼 운다 무리를 이탈한 오리처럼

두 발로 선다 유리 벽에 발자국이 찍힌다 발톱을 세우고 찍는다 뚫을 때까지 뚫어본다 실패해본다 별안간 두더지처럼 땅을 구른다 사랑받는 개처럼 바닥에 등을 대고 긁는다 몸부림친다 중력을 따라 처지는 입은 제멋대로

미쳤나봐

듣지 않기로 한다 이해하지 않는다 더 운다 울부짖는다 웃기도 한다 화가 난 것은 아니다 표정을 지운다 표정을 구긴다 표정을 개발한다 망친다 이러나저러나 화가 난 것은 아니다 눈동자가 멋대로 커졌을 뿐인데

으으으, 아으으, 우리 안에는 물웅덩이와 통나무와 바위가 있다 맨발로 지나간다 가볍다 맨발을 거듭해서 남긴다 맨발

과 맨발을 뒤섞는다 한 치의 오차 없이

   반복하자 더 더 단순하게

   또 지나간다 오래된 동물원이다 다들 그렇게 부른다 유리벽에 몸을 쿵 쿵 부딪치면서 웅 웅 공기를 가르며 나는 삶의 몸으로 돈다 거의 완벽하다 안광이 금속성으로 빛날 때

   웃음들을 터트린다
   금지된 플래시를 터트린다 번쩍번쩍
   송곳니가 뷰파인더 안에서 떨고

   재밌어 재밌어
   또 해야지

   생이 또 한 바퀴 연장된다

가위는 서랍 안에 있다

　사물은 무관하게 배열되어 있었다. 나는 배열되어 있었다. 딱딱 맞아떨어지는 벽시계 안에 적힌 숫자들의 간격을 보다가 그 간격을 조금이라도 벌려보고 싶다는 생각이 발생했다. 그러나 시계를 부순다고 그 간격이 줄어드는 것은 아니며 그러한 행동은 나의 의도와 다르게 해석될 것이라는 염려가 발생했다. 염려가 앞서 자리를 차지했다. 가위는 서랍 안에 있다. 멀쩡한 사물에 가위질하는 일은 광기의 증후로 읽힐 수 있지만 머리카락이라면 어떠한가. 나의 것이라면 어떠한가. 마침내 나는 실행했다. 수많은 사건의 가능성 중에서. 머리카락은 생각보다 많았고 광기를 읽는 것이 이 집의 형식이므로 나로서는 어쩔 도리가 없었다. 전복이 가능한가? 회의적이지만 포기는 나와 어울리지 않는다. 나는 숨죽인다. 은은하게 웃는다. 침착하게 가위로 바닥을 쓴다. 가위는 금지입니다. 그것이 이곳의 유일한 규칙이라며 한 사람이 다가와 내게서 가위를 빼앗는다. 그를 따라서 나는 걷는다. 앞에서 문이 닫힌다. 서랍을 열면 무수한 서랍이 한꺼번에 열리는 소리. 빙그레 웃는 가윗날의 미소를 모르는 척한다. 가윗날을 세면대에서 빤다. 가윗날로 내게 묻은 머리카락들을 닦는다. 문밖에서 또 한 사람이 나를 지켜보고 나는 미소를 과장하지 않는다. 나는 쉽게 해석되지 않겠다. 그가 무엇을 기대하든.

4부
시원한 곳으로 가자

계단을 오르는 사람

플래시를 든 누군가 위층에서 내려오고 있다. 그가 너의 얼굴에 플래시를 비춘다. 빛 뒤에 감춰진 얼굴이 너에게 여기서 뭘 하고 있냐고 묻는다. 너는 잠시 고민한다. "출구를 찾고 있어요." "제 눈엔 계단을 오르고 있는 걸로 보이는데요." "그렇게 말할 수도 있겠네요." 너는 대답한다. 감춰진 얼굴이 말한다. "계단을 오르는 사람이군요. 반가웠어요." 너를 지나쳐 내려가는 그를 향해 네가 큰 소리로 묻는다. "이곳에서 나가려면 어디로 가야 합니까?" "꼭대기로 가보세요." "꼭대기에 출구가 있습니까?" 감춰진 얼굴은 위층의 문도 잠겨 있으며 잠긴 문은 모두 똑같이 생겼다고 말한다. 그러나 열린 문은 잠긴 문이 아니기 때문에 금방 알아볼 수 있다. "열린 문을 그냥 지나치는 바보들이 있다더군요." "어째서죠?" 감춰진 얼굴은 너의 질문을 듣지 못한 것인지 서둘러 계단을 내려간다. 너는 좀 더 서둘러 계단을 오르기로 한다. 너는 최선을 다한다. 한참이 지나 플래시를 든 사람과 만난다. "또 만났군요. 반갑습니다." "아까 분명 계단을 내려가지 않았던가요?" "당연하죠. 난 지금 내려가는 사람이니까요." 네가 묻는다. "그런데 지금 여기가 어디인지 압니까?" "계단이요." 그가 대답한다. 지체한 시간을 만회하려고 너는 계단을 뛰어오르기 시작한다.

재배

고구마를 버려야겠다. 네가 물컵 속에 넣어둔 고구마. 빛을 잘 받으라고 창틀 위에 올려둔 고구마다.

흙 없이 물 없이 빛 없이 곧 상자를 뚫을 듯 파릇하게 줄기가 살아 있던 고구마다. 그대로 두었다면

상자를 뚫었을 것이다. 그리 오래 걸리지 않았을 것이다. 창고를 가득 채운 줄기가 창고 문을 부수고 거실을 침범했을 것이다. 특별한 날은 아니었을 것이다. 이미 자라고 있던 줄기에 길들여진 너와 내가

어느 날 줄기에 걸려 넘어지고

이토록 끈질기게 줄기를 키운 고구마

너는 창고에서 고구마를 들고 나왔다. 아이처럼 마냥 좋아하며 놀라워하며 고구마를 컵에 꽂아두었다. 네가

조금만 덜 해맑은 사람이었다면

고구마는 창고에서 자랐을 것이다. 그걸 모르는 채로 너와 나는 잘 살았을 것이다.

어느 날 너와 나의 발목을 걸어 넘어지게 한 것이 고작 고구마 줄기라는 것을 알게 되고

뭐 이런 일이 다 있냐

서로의 얼굴을 보며 웃고

빈 거실에 앉아

너무 밝은 집을 구했다고 생각하면서

주일엔 교회에 가고

습관이 된 고백을 중얼거리고

커튼을 친다. 지금 내 무릎 위에는 전쟁과 재앙으로 가득한 신의 말씀이 놓여 있다.

이런 건 어떻게 버려야 할까. 아직 깨끗한 물에 잠긴 고구마는.

자세의 비결

 단 일 밀리미터의 차이를 고심한다 발의 위치를 바꾸며 바른 자세를 고민한다 정형외과에서 보았던 뼈 모형이 정답에 가까울까 이런 고민이 허리를 망가뜨리는 거라고 했다 뼈로 서서 뼈로 깨달아보려는 무용한 노력이 쌓이고 쌓여 견딜 수 없는 통증의 밤을 만드는 거라고 했다 선생은 나무를 깎아 만든 막대를 나의 등 위에 올린다 곡선을 유지하기 위해선 등 뒤의 직선을 상상해야 한다 그러나 막대에 의존해서는 안 된다 완전한 의존이란 불가능하기 때문이다 선생은 의자에 얹어둔 체형 보조 교정기나 철심이 박힌 딱딱한 복대 어깨끈이 엑스자로 교차된 교정 브라 따위는 당장에 갖다 버리라고 한다 나는 빈 의자와 빈 서랍을 상상하며 팔을 쭉 뽑기도 하고 목을 세우기도 한다 관절에서 불꽃 튀는 소리가 들린다 맞아요 불타는 감각 전기가 흐르고 철사가 관통하고 찌르고 뒤틀리고 터질 것 같다면 잘하고 있는 겁니다 선생은 단호하다 앞을 향하여 걷는 현대인의 습성이 뼈를 망가트립니다 이 방에는 철과 나무 따위를 덧대어 만든 딱딱한 기구들이 놓여 있다 나는 몸의 일부만 지탱한 채 내면의 열기를 견딘다 영원 같은 오십 분이 지나고 집으로 걸어간다 한 걸음 디딜 때마다 허벅지가 터질 거 같다 이게 맞는 건가 싶지만 인간의 뼈가 타고난 곡선을 지키기 위해선 견뎌야 한다고 선생은 신신당부했다 자세를 만드는 건 의지가 아니라 상상력입니다 먼 미래가 아니라 구체적인 돈을 상상하세요 등록비 아까우니까 딱 열 번만 견뎌보세요 더도 말고 일주일에 두 번 하루 오십 분씩

사혈의 원리

 치료가 끝나면 베이커리에 들러 케이크를 살 것이다 동생의 생일을 축하하기 위하여 우리는 오늘 저녁 거실에 모일 것이다 쑥스러운 얼굴로 박수를 치고 노래를 부르면서 미미하게 퍼져가는 온기를 느낄 것이다

 이런 것이 집이구나 생각하진 않을 것이다 사소한 이유로 비난과 장난이 뒤섞인 말을 주고받고 누군가는 화를 내고 누군가는 쿵 소리를 내며 방문을 닫고 거실의 형광등은 맥없이 켜질 것이다 깊이 처박혀서

 누군가는 울고 누군가는 접시를 부술 듯이 씻고 누군가는 노심초사하면서
 비로소 가족다운 가족이 될 예정이었는데

 불쑥 그의 소식이 끼어들었다 또 쓰러졌단다 점점 나빠진단다 이러다 정말 감옥에서 죽으려나 싶을 때

 한의사가 피를 뽑았다 나쁜 피를 뽑았으니 몸에서 새로운

피를 만들 거라는데

    그의 죽음을 상상한다 흔한 장례식 풍경 속엔 어떤 감정도 담겨 있지 않다 의례적인 인사와 적당한 위로와 엄숙함으로 가장한 뿌리 깊은 피로는 삼일이면 끝나겠지

    얼마 전 지인이 죽었다는 소식을 들었다 동생은 강아지의 죽음을 미리 슬퍼하는 가사를 썼다 날마다 출생률이 낮아진다는 뉴스를 보면서 이 세상은 무언가를 얻는 것보다 잃는 것에 익숙해져가는 것 같았고

    한의원을 나서니 비가 내리는 것도 내리지 않는 것도 아니었다 어떤 사람들은 우산을 쓰고 어떤 사람들은 우산을 쓰지 않고 어떤 사람들은 우산을 들고 다녔다

사랑하는 사람

　그는 예배당 의자에 앉아 있다. 그의 흰자위가 벌겋다. 그는 곧 울 것 같지만 울지 않는다. 사랑합니다, 자매님. 그가 나에게 인사한다. 저도 사랑합니다. 내가 대답하면 그가 나를 본다. 그는 사랑하는 사람 때문에 힘들다고 한다. 그는 나를 보면서 나를 보고 있지 않다. 나는 한 걸음 물러난다. 그의 입술이 떨린다. 그가 천천히 자신의 이야기를 시작하려고 한다. 지금 사랑하는 사람을 보고 있다고. 눈을 감아도 사랑하는 사람이 계속 보인다고. 사랑을 버리고 싶은 그를 나는 사랑하지 않으니까 자꾸 눈을 뜬다. 그를 보려고 그의 눈을 마주 보면서 그의 손을 마주 잡는다. 사랑하지 않으니까 그의 사랑이 나를 아프게 하지 않는다. 나를 아프게 하지 않으니까 그의 사랑에 대하여 그보다 내가 더 많이 생각해볼 수 있다. 사랑하지 않으니까 그의 손을 쥐고 그의 사랑을 위하여 기도한다. 신은 사랑 그 자체입니다. 우리는 그분을 닮아 모르는 사랑을 합니다. 설교 시간에 메모해두었던 문장을 옮겨 적어준다. 그의 손에 찢긴 메모를 쥐여주며 나의 평화와 그의 고통을 섞어보려 노력한다. 그가 운다. 그는 그저 지쳤으며 평화롭고 싶다고 한다. 나는 그를 품에 안고 그의 등을 두드리며 그를 위하여 기도한다. 그를 사랑하지 않으니까 나는 그가 큰 소리로 우는 목소리를 자세히 듣는다. 사랑은 우리가 신을 닮았다는 증거이니 형제님은 축복받은 겁니다. 내 말에 그가 대답한다. 고맙습니다, 자매님. 사랑합니다, 자매님. 그가 보고 있는 사람은 내가 아니다.

개를 데려올까

친구에게 전화를 걸어볼까
맥주나 한잔하면서
뭐라도 미워해볼까

흰 벽과 천장으로 둘러싸인
여기는 충분히 춥지 않구나
우정이 뭘까 진짜 우정이란 게 있다면
책 같은 거
이 세상에서 사라질지도 모른다
활자들이 더는 뒤엉키지 않을 것이다

여기저기 개들이 걷고 있는 거리를 산책한다
보도블록 사이로 풀이 나 있어서
아무래도 이런 건 도시 계획에서 어긋난 것일 테니까
풀을 밟아 죽이고 밟아 죽이면
풀들이 살아 있다 사방에 살아 있다 뒤엉킨 채로

맥주 대신 커피를 한 잔 더 마신다

디카페인과 카페인을 반씩 섞어 마신다
무슨 일을 하든 밸런스는 중요하니까
오랜만에 투덜대는 친구에겐
어설픈 위로라도 건네는 게 낫겠지
고전적으로 대답은 기대하지 않으며

미래를 훔쳐와볼까 여기저기 널린 미래들
사람의 미래 개의 미래 풀의 미래
죽어가는

일주일 전에는 수술을 받았다
수술을 받는 일은 흰빛 속에서 얼어붙는 일
과는 거리가 멀었고
푹 자고 일어난 기분이었다
한 번 더 이렇게 수술받으면 좋겠다는 생각이 들었다
아픈 곳이 너무 없어서

유령의 남은 시간을 생각한다

그런 것에도 이름 붙일 수 있다면

역시 뭐라도 키우는 게 좋겠어 이왕이면
덩치 큰 사고뭉치였음 좋겠어
하마는 어떨까
잠든 나를 삼켜버리게 악어 같은 동물은
키우는 사람들이 있다던데

개를 데려올까
한 마리쯤은 괜찮지 않을까
미래를 하나도 기대하지 않으면서
덜컥 결심부터 하는
해맑은 나의 무모함이 좋다

추모 공원

흔들리는 거리를 걸었지

흔들리는 쌀푸딩을 들고 흔들리는 유리병을 들고

해가 달콤한 침처럼 줄줄 흐르고 있어서

코트 안의 품이 너무 넓다 품 넓은 코트들이 흔들린다 비좁은 버스 안에서 왜 죄다 품 넓은 코트를 입고 있는 거지 왜 이런 게 유행하는 거지 다른 사람의 품을 빼앗고 싶은 사람들처럼 문득 부끄러워지고

창문이 열린다 이 정도 추위라면 버틸 만하다
시련이라고 말할 수 없다

쌀이 풍년이다 올해도 작년에도 어쩌면 내년에도 풍년이다 이대로 계속 풍년이라면 쌀의 풍족이 과잉된다면 우리는 쌀의 소중함을 잊고 말겠지 쌀을 생산할 사람은 날로 사라지는데 쌀에 실망하는 사람들이 자꾸 늘어나겠지 쌀이 사라져

버린 미래 스스로 쌀을 버리고 쌀 없는 세상을 선택하는 사람들의 미래

   흔들 수 있다 쌀푸딩을 한 병 다 먹으면 쌀푸딩 한 병만큼

   최선을 다하여 거리를 걸었지 흔들리며 걸었지 다른 사람들을 따라 넓어진 품 안에 고민 없이 넓어진 품 안에 감춰온 것이 고작 쌀푸딩이라니 그런 사실을 깨달을 때면 문득 부끄럽지만

   이것 봐 요즘 이게 유행이래
   다 좋아한대

   희고 반투명하고 액체도 고체도 아닌 덩어리를 입술 끝에 묻히고 웃는 너를 상상하면서

   하나둘 사람들이 이미 떠나기 시작한 공원에서

서클

저 공은 어디까지 갈 수 있나
언제까지 날기만 할 셈인가

노랗게 흩어지는 햇빛 속에서 더욱 노랗게 날아가는 공
심장 소리 같은 리듬을 따라
공은 이쪽 라켓에서 저쪽 라켓으로
자유롭고

나는 나보다 큰 박스를 들고 계단을 내려간다. 슬리퍼 바닥이 계단과 부딪치는 소리

경쾌하다.
낱낱의 종이와 플라스틱들이 모인 품 안의 상자처럼
가볍게 모여 나를 힘껏 내리누르는

여름,
어정쩡한 자세로 서서
상자 안의 것을 하나하나 분리한다.

두근거리는 심장은 나와 아주 먼 곳에 있는 것 같은데

젊은 연인이 건너편 인도를 걷고 있다. 흰 원피스와 흰 티셔츠를 입은 두 사람이 노랗게 노랗게 번져가는 햇빛 속으로 사라진다.

테니스장에서 사람들이 라켓을 휘두르고 있다. 온 힘을 다해 웃고 환호하고 뛰어다니는

경기는 끝나기로 예정되어 있다.

경쾌하구나 여름의 테니스장이라는 곳은
햇빛과 테니스공의 노랑은

집으로 돌아와도 나는 여전히
여름 안에 있고

바깥 산책

담장 밖에는 풀과 나무들이 있고 우거진 고요가 있고 이따금 양지가 나타나고

우리는 한 병의 생수를 나눠 마실 수 있다

어젯밤 약을 한 알 더 늘렸어 더없이 깊은 잠을 잤어 오늘만큼은 이 권태가 좋아 나뭇가지를 축축 잡아당기는 넝쿨 줄기들

그림자에 발이 걸려 넘어진다
이런 나를 바라보는 너는 표정을 결정하지 못한 모양이다
내가 먼저 웃음을 터트린다

우리는 멀리멀리 전진한다 잠시 멈추기도 하면서 뒤를 본 채 걷기도 하면서 수시로 담장이 어디 있는지 확인하다가 담장을 따라서 갈수록 담장으로부터 조금씩 밀려나는 기분

죽은 생쥐를 발견한다 풀밭 속에 잠겨 네 발이 곧게 하늘

을 향해 뻗어 있다 가장 바른 자세처럼 보인다 생쥐의 모범처럼 보인다

    약은 줄이는 게 좋지 않을까
    너는 여전히 표정을 결정하지 못한 모양이지만

    좋아지고 있어
    걱정하지 마
    뱉은 말을 진심으로 만든다 너를 위해서
    나는 할 수 있다

    햇빛이 몰려온다 점점 넓어지는 햇빛의 아가리가 풀밭을 집어삼킨다 우리는 햇빛 주위로 밀려나면서 조금씩 걸을 곳을 잃어가면서

    시원한 곳으로 가자

    멀리멀리 전진한다

담장 밖은 끝이 없어서

부족한 것이 없다

뼈

잔 속에 갇힌 빛이 제자리를 맴돌고 있다 유리창 너머 어두운 강을 바라보면서
너는 물속에 잠겨 있을 수많은 시체에 대하여 이야기한다

나는 뼈를 상상한다 살점이 하나도 붙어 있지 않을 뼈들
어둠 속 흰빛으로 쌓인 뼈의 지층은 아름답고 단순하다
뼈는 쉽게 썩지 않고 뼈는 부서지는 것에 가깝고
어쩌면 영혼도
그런 것이 아닐까

그래서 이렇게 우리
자주 무너지는 것이 아닐까

너는 더 야위어왔다 졸피뎀을 세 알씩 먹어도 잠을 잘 수 없다고
그러다 어느 순간 정신을 잃는데 깨어나 보면 네가 식칼을 쥐고 있더라고
기억에 없는 흉터가 몸 여기저기에 새겨지고 있다고

약을 끊을 수 없다고 이렇게라도 살아야 하지 않겠냐고

너는
웃으며 말하고

나는 너의 눈을 들여다본다 누군가의 눈동자를 오래 바라
본다는 것
아무 말도 할 수 없다는 것

그건 뼈가 굳는 일이었다

지금 내가 마시는 물 한 잔
오늘 아침에 얼굴을 씻어준 세면대의 물
지난여름에 나를 즐겁게 해주었던 해수욕장

그 모든 물은
하나로 통하니까

그동안 나는 누군가의 부서진 뼈와 부서진 영혼과 뒤섞여 살고 있었겠구나 그 누군가의 지나간 삶을 나도 모르게 더듬고 있었겠구나

밥 좀 잘 챙겨 먹어
뼈마디가 다 드러난 너의 가는 팔목을 쥐며 나는 말한다

네가 따라준 물을 마시며 나는 식도를 타고 흐르는 빛의 알갱이를 느낀다
내 몸속의 뼈가 너의 눈동자처럼 환하게 떨고 있다

도마 위

 이젠 칼이 익숙하다. 생고등어 배에 칼끝을 푹 쑤셔 넣고 배를 가른다. 고등어의 피부는 고등어를 포기했는데 끝까지 매달려 있는 내장들, 배 속에 손을 넣고 하나씩 긁어낸다. 손가락에 달라붙는 미끄럽고 축축한 피부, 미지근한 피부, 내장을 쥐고 창밖을 바라본다. 칼을 쥐고 입 벌린 고등어의 얼굴을 본다. 눈동자와 눈동자는 쉽게 마주친다. 죽은 고등어의 눈동자에도 이끄는 힘이 있어, 나는 눈을 맞추고 칼을 더 세게 쥔다. 어린 내가 전혀 이해할 수 없었고 이해하고 싶지 않았던 사람이 되려고 나는 똑바로 서 있다. 칼을 품고 칼을 쥐고 어디로 휘둘릴지 모르는 칼날을 바라보며 고등어 대가리를 힘껏 내려친다. 너무 늦게 죽지 마. 내가 없는 세계를 상상하며 미리 슬퍼하는 사람이 생겼다. 도마와 칼날이 부딪치는 소리. 손가락을 타고 전해지는 둔탁한 진동. 남의 피는 아름답다. 남의 피는 맛있다. 남의 피는 쉽게 잊힌다. 피를 씻어낸 고등어를 등이 보이게 펼친다. 벌겋게 발광하던 오늘의 마지막 햇빛이 터졌다. 피비린내를 풍기며 푸른빛의 물결을 그리는 무방비로 놓인 고등어의 등.

다른 방식

너를 위해서라면 내가 좋아하는 것을 버릴게. 나를 파괴하지 않을게.

네가 외롭지 않게
네가 너의 힘을 느낄 수 있게
너의 손으로 구원받을게.

너를 따라가던 그 백사장에서
아무 슬픔도 없었던 것은 아니다. 가령 어두컴컴한 거실에서 홀로 맞이하는 저녁에 대해선
굳이 말하지 않을 것이다.

너를 따라가던 그 백사장에서
찢기던 구름들 영영
사라져버리던 구름들

넌 왜 이리 좋은 사람일까. 다른 사람의 꿈이 잘못 끼어든 것일까.

자꾸 좋아진다. 달아오르는 피부가, 무겁게 흔들리는 심장이, 쩍쩍 갈라진다. 홍채가 타는 것 같아. 뼈가 구멍 난 것 같아. 갈라진 내 안엔 뭐가 있을까? 빈곤한 상상력, 네 앞에 서면 난 터지기 직전의 풍선 같지만

끝도 없이 강해지는 마음이 있었다. 허리를 곧추서고 걷고자 하는 마음이. 여름 공기는 부러진 칼날처럼 무자비하게 쏟아지고 있었다. 그 무자비함을 힘껏 껴안고 나아가는 의지가 있었다. 두 눈을 부릅뜨고 너의 뒷모습에 힘껏 익숙해지던 그 백사장에서

세상은 자주 눈부시구나. 저녁이 찾아올 때조차

죄가 늘어나

땅에 얼굴 처박고 맞던 시절엔 차라리 마음 편했지.

하지만 그 백사장에서 나는, 내가 살아야 하는 이유들에 대해서 생각했다.

산문

시와 솔직함

언젠가 창작 수업을 듣다가 이런 질문을 들은 적이 있다. 작가를 위대하게 만드는 힘은 어디에 있을까. 우리는 저마다 이런저런 대답을 내놓았다. 누군가는 타고난 언어 능력이라고 했고, 누군가는 깊은 사유라고 했고, 누군가는 조금은 장난스럽게 이미지 메이킹을 잘하는 능력이라고 했다. 그 질문을 던졌던 선생은 미소를 지으며 우리의 대답이 모두 맞다면서도 타고난 언어 능력은, 깊은 사유는 무엇인 것 같냐고 되물었다. 그때 나는 내가 사랑하는 몇몇 작가들, 특히 몇몇 시인들의 이름을 떠올렸다. 그들의 작품이 미학적으로 얼마나 뛰어난지 굳이 설명하자면 설명이야 할 순 있겠지만, 그런 것이 대답이 될 순 없었다. 어떠한 시인을 위대하다고 느끼는 이유는 내가 그 시인의 작품을 읽는 순간 매료되었기 때문이다. 어떤 시인의 작품은 중학생 시절 교과서에서 읽었고, 어떤 시인의 작품은 인터넷에서 우연히 접했고, 어떤 시인의 작품은 수업 과제로 억지로 읽었다. 그러다가 갑자기 어떠한 작품에 매료되는 순간, 흔히 말하는 '덕통사고'의 순간, 텍스트가 딱딱한 물체처럼 나에게 다가와 쿵, 소리를 내며 부딪치는 그 충격의 순간. 많은 이론가와 작가가 말하듯 나도 그 순간으로부터 벗어날 수 없어서 결국 쓰는 사람이 되었다. 더 잘 읽고 싶어서 썼고 반대로 더 잘 쓰고 싶어서 읽었다. 그러니까 어떠한 시인이 위대하다면, 그가 나를 쓰게 만들었기 때문이라고 대답할 수 있다. 그뿐이었다.

문학을 공부하면서 나는 자주 도심 한복판에서 길을 잃은 기분이었다. 남들은 조금의 망설임도 없이 걸어가는 길 위에서 늘 나만 소심해지는 기분. 그때마다 내가 사랑했던 시인들을 떠올렸다. 그 사랑이 없었다면 아마 나는 지금까지 버티지 못했을 거다. 그러니까 자신 있게 말할 수 있었다. 어떠한 작품이, 어떠한 시인이 위대한지.

선생은 그런 것을 물은 게 아니었다. 그들의 작품이 왜 뛰어난지가 아니라, 그들의 작품을 뛰어나게 만드는 힘이 무엇인지를 묻고 있었다.

부끄럽지만 그런 것에 대해서는 한 번도 생각해본 적 없었다. 위대한 작가는 타고나는 거라고 생각했고, 그러니 이미 내 손을 떠난 일이라고만 생각했다. 겸손을 가장한 게으름이었다. 선생은 어쩌면 우리의 질문 중에 가장 정답에 가까운 건 이미지 메이킹인지도 모르겠다며 각자 자신이 존경하는 작가들의 이미지를 떠올려보라고 했다. 우리는 제각각 다른 이름들을 떠올렸다 그럼에도 선생은 마치 우리가 누구를 생각하고 있는지 다 알고 있다는 듯이 미소를 지으며 말했다. 인성이 뛰어나다는 이유로, 탁월한 지성을 가졌다는 이유로, 단지 그런 이유만으로 그들을 위대한 작가라고 생각하진 않았을 거라고. 위대한 작가는, 나아가 위대한 예술가는 자신의 내면을 드러내기 때문에 사랑받는 거라고 했다. 사람에게는 누구나 솔직하던 시절이 있다고, 하지만 나이를 먹으며 조금씩 덜 솔직해진다고, 그렇게 우리는 어른이 되는 거라고 했다. 예술가들은 영원히 어린아이로 남아 자신의 내면을 내보이는 사람들이라고. 그래서 "이게 나야!" 외치고 있을 뿐임에도 사람들의 사랑을 받을 수 있는 거라고. 우리가 어린아이들을 바라볼 때 미소 짓는 것처럼.

    하지만 솔직해진다는 게 뭘까. 때로 솔직함은 무례를 그럴듯하게 포장하는 단어이기도 하지 않은가. 물론 안다. 저 수업 시간에 말한 '솔직함'이라는 단어와 우리가 일상에서 쓰는 '솔직하다'라는 단어는 의미가 다르다는 것. 알지만, 안다고 믿었지만 곰곰이 생각해보면 알 수 없었다. 국어사전에서 '솔직하다'라는 단어 뜻을 찾아보니 "거짓이나 숨김이 없이 바르고 곧다"란 뜻이란다. 그러니까 '솔직함'이라는 단어에는 "숨김이 없다"는 뜻과 "바르다"는 뜻이 동시에 포함되어 있는 것이다. 하지만 우리는 흔히 '솔직함'이라는 단어를 "숨김이 없다"는 뜻으로만 사용하니까 거기에서 이러한 간극이 발생하는 걸까.

    그날 선생은 솔직함이란 결국 용기라고 했다. 나를 드러내 보이는 용기. 그러니까 용기가 필요한 솔직함이란 결국 어느 정도는 두려운 일이란 뜻이겠지. 그건 나의 부족함을 내보인다는 의미의 솔직함이기도 했다. 하지만 자신의 부족함을 내

보이며 도리어 그것을 자신의 특별함으로 전유하는 사례를 수없이 보지 않았던가. 자신의 아픔에 흠뻑 빠져 있는 작품들 앞에서 나는 진저리를 치지 않았던가.

왜 어떤 솔직함은 징그럽기만 할까.

아직도 이 고민은 끝나지 않았다. 시의 솔직함이란 무엇일까. 돌이켜보면 내가 사랑했던 시인들에겐 '솔직하다'는 찬사가 붙었다. 창작 수업에서 가장 먼저 배우는 것 중 하나가 진술보다는 묘사, '텔링telling'보다는 '쇼잉showing'이라는 말이지만 진짜 위대한 시인들의 작품에서는 그런 것들이 하나도 중요하지 않았다. 이미지가 그려지지 않아도 문장이 내 안에서 뼈처럼 자라는 작품들이 있었다. 그 문장들은 무언가를 찌르고 깨부수고 그리고 자주 스스로 부러졌다. 나는 그런 것을 사랑하고 있었다. 내가 매료되는 것은 그런 파괴적인 힘이었다. 무엇을 파괴한다는 걸까? 모르겠다. 분명한 것은 그 파괴의 힘이 쓴 사람을 제외한 그 어떤 생명에게도 향해서는 안 된다는 것.

　이쯤에서 내 이야기를 조금 꺼내놓아도 괜찮을까.

　나의 솔직함이 누군가를 끔찍하게 할까봐 두렵다. 이 두려움 앞에서 나는 자주 생각한다. 어째서 사람은 홀로 살아갈 수 없을까. 태어난 순간부터 혼자일 수 있다면, 그 어떤 연결도 없이 혼자 살다가 혼자 죽을 수 있다면 얼마나 깔끔할까.
　그런 세계를 상상해보기도 했다. 내가 사물인 세계를 말이다. 거대한 암석에서 떨어져 나오는 순간, 지면에 떨어진 순간, 그 순간에 나라는 의식이 깨어나는 상상 말이다. 그런 세계에서라면 이런 두려움을 조금은 내려놓을 수 있지 않을까. 그러나 그런 세계에서조차 나는 나의 기원을 찾는다. 내가 어느 암석의 일부였는지, 내가 어느 시간대에 어느 지면에 떨어진 것인지, 왜 떨어진 것인지. 나를 둘러싼 공기와 물과

흙의 움직임에 집중하고 끊임없이 질문한다. 진짜 돌이라면 그런 생각을 하지 않겠지만 나는 인간이니까. 어쩔 수 없이 인간의 몸으로 인간의 상상을 할 수밖에 없으니까. 그러니까 돌이 되어서도 나는 지금의 나와 별로 다르지 않다. 돌이 되어서도 나는 계속해서 무엇과 연결되어 있는지를 더듬는다. 가장 이로운 존재를 상상하면서도 사랑 따위를 생각하는 것이다. 진정한 의미의 사랑이란 불가능하다고 비관하면서도. 사랑이란 결국 의미가 없는 것이라고 습관처럼 허무에 빠지면서도. 그러면서도 나는 계속해서 사랑이란 단어를 쥐고 있는 것이다.

    결국 시의 솔직함이란 사랑 고백과 같은 것일까. 내가 무엇을 사랑할 수 없는지 어떠한 사랑에 실패했는지 그런 것을 털어놓는 일 말이다. 하지만 어떤 사랑은, 사랑의 언어는 타인을 망가뜨린다. 만약 시가 사랑 고백과 같은 것이라면, 그렇다면 어떤 시는 어떤 사람을 망가트릴 수도 있지 않을까. 내 아버지의 말이 어머니를 망가트렸던 것처럼.

아주 오래 습작을 했다. 문학 공부를 했다. 시를 쓴다는 미명하에 언어를 쏟아내는 순간들이 두려웠지만 고백하건대 그 순간들 덕분에 나는 살 수 있었다. 이 마음은 진심이지만 내뱉고 나니 기만 같다. 내 아버지도 그랬을 것 같아서. 어머니를 사랑해서, 이후에는 나와 동생을 사랑해서 그랬다고, 그럴 수밖에 없었다고 말하는 사람이니까. 그 말 앞에서 우리는 매번 망가지고는 했으니까. 그러니까 자기 자신만을 위한 솔직함이 얼마나 무서운 것인지 나는 잘 안다. 반성이 빠진, 생각이 빠진 솔직함은 재앙과도 같다. 알지만 시를 썼다. 나를 위해서 썼다. 나는 이것이 부끄럽다.

쓰는 순간마다 '솔직함'이란 단어를 마음의 주머니에서 꺼내 만지작거렸다. 나는 아름다움을 잘 느끼지 못하고, 복잡한 언어의 속성을 잘 이해하지 못하고, 세계의 의미라든지 본질이라든지 하여튼 그런 것을 감각하기는커녕 없다고 생각하는 사람에 가까우니까. 그래도 쓰고 싶으니까. 유일한 무기처럼 '솔직함'을 꺼내곤 했다. 그런 거라면 나도 해볼 수 있지 않을까, 하고.

바보 같게도 그렇게 믿곤 했다.
'솔직함'은 내 의지의 문제라고. 내가 용기를 내면 가능한 거라고.
그런데 내가 애써 꺼내놓은 것이 다 거짓이라면? 나도, 나에게 속아온 것이라면?

아직도 입원 첫날을 기억한다. 길고 지루한 검사가 끝나고 만난 의사는 그 자리에서 나를 입원시켰다. 거의 끌려가듯이 병동에 들어섰다. 복도 중앙에 놓인 녹색 철문, 천장부터 바닥까지 틈 없이 가로막힌 그 철문이 삐걱거리며 열렸다. 나는 저항할 생각도 못한 채 그 철문 안으로 들어섰다. 등 뒤에서 삐걱거리며 문이 닫혔다. 나는 어느 병실로 들어가 속옷까지 다 벗은 채 차갑고 거친 환자복만 입었다. 그리고 책상과 의자 두 개만 덩그러니 놓인 좁은 방으로 들어가 검사를 받았다. 낯선 사람들 속에서 아무것도 이해할 수 없었던 순간들. 환자복과 의료진의 옷은 똑같은 흰색이었지만 분명한 구분이 있었다. 간호사들은 친절했지만 내 말을 제대로 들어주지도 믿어주지도 않았다. 무엇을 말해도 저들이 내 말을 있는 그대로 받아들이지 않는다는 느낌이 들었다. 그곳에서 나는 작은 소리에도 깜짝깜짝 놀랐다. 꼭 양팔이 거대한 귀가 된 것 같았다. 딱히 할 것도 없는 그 병동에서 무기력하게 달려 있던 팔은 간호사나 보호사 들의 숨소리까지 예민하게 받아들였다. 그곳에서 지내면서 나는 내 말이 결국 정신병자의 말로 들릴 뿐임을 깨달았다. 왜곡과 과장이 섞인 믿을 수 없는 말로.

어떤 날에는 검사를 받던 좁은 방에서 의사와 오래 이야기를 나누기도 했다. 그곳에서 나에게 관심이 있는 유일한 사람은 의사였지만, 내 말을 가장 믿지 않는 사람도 의사였다. 그는 온갖 그래프가 그려진 검사지를 들이밀며 계속 내가 비정상이라고 했다. 볼펜으로 그래프 중간 즈음을 동그랗게 표시하며 그곳이 정상 구간이라고, 그런데 내 수치는 지나치게 높거나 낮으므로 정상이 아니라고 했다. 의사는 '비정상적으로'라는 말을 수시로 사용했다. 비정상적인 우울, 비정상적인 마비, 비정상적인 무기력, 비정상적인 예민함. 그때의 나는 슬픔은커녕 조금의 우울감도 없었다. 오히려 평화에 가까운 상태였다. 아무것도 두렵지 않았다. 죽음도 두렵지 않았다. 의사는 그러므로 비정상이라고 했다. 사실 나는 분노하고 있는 것이라고, 절망하고 있는 것이라고 했다. 그렇지 않다고 말할수록 나의 말은 증상이 되었다.

    그때 내가 무엇에 분노해야 했을까. 그 분노를 어떻게 표출해야 했을까.

    슬프지 않은 것이 슬픈 것이고 아프지 않은 것이 아픈 것이라면, 그렇다면 나는 애써 아픈 척을 해야 했을까.

    의사는 단언했다. 그래야 한다고. 아픈 척이 아니라 아픈 것이라고. 그것을 느껴야 한다고. 그게 정상 범주라고. 거기에 들어야 제대로 살 수 있는 거라고.

나는 아직도 그 말을 이해하지 못하겠다.

몸 여기저기가 아플 때마다 의사는 계속 단언했다. 몸이 아니라 마음이 아픈 것이라고. 그 아픔은 진짜가 아니라고.

병동은 안전했다. 그리고 권태로웠다. 할 게 없었으므로 뭐라도 쓰고 싶어서 종이와 펜을 얻었다. 병동에서는 사소한 물건도 위험이 될 수 있었다. 내가 얻은 건 스프링이 달리지 않는 연습장과 뭉툭한 사인펜이었다. 처음엔 일기를 쓸 생각이었다. 그런데 언어가 떠오르지 않았다. 글자의 형태와 문법을 잊은 것은 아니었지만 쓸 수 없었다. 아무렇지도 않게 사용하던 단어들이 무슨 뜻인지 혼란스러워졌다. 처음엔 '슬프다' '심심하다' 따위의 간단한 술어를 쓰다가, 나중엔 '침대' '사람' 같은 명사만 썼다. 그마저도 쓰는 게 두려워졌고 결국 내 이름만 쓰게 되었다. 끝까지 내 이름은 쓸 수 있었다. 그래서 이름 세 글자를 종이 위에 쓰고 또 쓰고 그 위에 겹쳐 써서 종이가 새까매지도록 만들었다. 그러니까 나는 무언가를 '썼다'기보다는 그냥 '쓰는 행위'에 집중했다. 나는 글자를 쓰고 싶었다.

 이런 이야기들이 어떻게 보편의 범주에 가닿을 수 있을까. 결국 나도 아프다고 말하고 있을 뿐이지 않은가. 이 아픔이 다른 누군가에게 어떤 식으로든 의미가 되기를 바라지만, 그렇지만, 나도 알고 있지 않은가. 아픔에는 아무 의미도 없다는 것을.

 나는 의미라는 것을 모른다.
 모르지만 그래도 쓰고 싶다. 이 글자들을.
 이왕이면 글자가 지시하는 것을 믿어보고 싶다.

 나의 문장은 아마 아름답지 않을 것이다. 시는 결국 예술이고, 예술이 아름다움에 대한 것이라면, 그렇다면 지금까지 내가 써왔고 앞으로 쓸 것들을 무엇이라 불러야 할까. 도대체 시가 뭘까. 뭘 어떻게 써야 내 글이 시에 가까워질 수 있을까.
 나는 시를 쓰면서 어떻게든 사람들에게 가닿고 싶다. 누구보다도 나는 잘 안다. 사람은 혼자 살 수 없다. 초등학생 때 나는 내내 전학생이었고, 청소년기에는 학교 밖 청소년이었으며, 대학에서는 편입생이었다. 외부인으로 보이지 않기 위해서, 어떻게든 소속되고 싶어서 애쓰던 그 모든 순간이 나에겐 생존을 위한 투쟁이었다. 전쟁에 임하는 각오로 나는 사랑받고 싶었고 사랑하고 싶었다. 나는 사랑 때문에 다른 무엇이 아닌 글자를 쓰고 싶었다.

병은 현재 진행형이다. 의사는 내가 많이 좋아지고는 있지만 아직도 갈 길이 멀다고 한다. 하지만 더 좋아질 거라고 함께 힘을 내자고 한다. 진료실에 앉아서 듣는 의사의 말은 누구보다 다정하고 잔인하다. 가벼운 마음으로 병원을 찾았다가도 끔찍한 기분이 되어 병원을 나오게 된다. 그때마다 나는 생각한다. 정말로 내가 아무 의미도 느끼지 못한다면, 그래서 아무것도 욕망하지 않는다면, 그렇다면 이 끔찍함은 왜 느끼는 것인가. 왜 지금 당장 모든 것을 그만두지 않고 조금만 더 가보자고 다짐하는 것인가. 매 순간 어디를 향해 가자고 이렇게 결연해지는 것인가. 집으로 돌아가는 전철에 앉아 멍하니 창문 밖의 어둠을 볼 때 언뜻언뜻 떠오르는 것들. 나는 그것을 잡고 싶고 그것을 나누고 싶다.

 이 막연한 마음을 쏟아놓는다고 솔직함이 될 수 있을까. 그 전에 나는 정말 절실한 게 맞을까. 무엇에 절실한가. 무엇을 하자고 니는 이런 글자들을 써놓고 시라고 우기는가. 모르겠다. 영원히 모를 것이다. 다만 계속해서 의심하고 두려워하고 고민할 것이다.

아침달 시집 49

햇빛의 아가리

1판 1쇄 펴냄 2025년 5월 19일
1판 2쇄 펴냄 2025년 9월 22일

지은이 윤초롬
큐레이터 정한아, 박소란
편집 정채영, 이기리, 서윤후
디자인 김정현, 정유경, 한유미

펴낸곳 아침달
펴낸이 손문경
출판등록 제2013-000289호
주소 04029 서울시 마포구 양화로7길 83, 5층
전화 02-3446-5238
팩스 02-3446-5208
전자우편 achimdalbooks@gmail.com

ⓒ 윤초롬, 2025
ISBN 979-11-94324-46-1 03810

값 12,000원

이 도서의 판권은 지은이와 출판사 아침달에게 있습니다.
양측의 서면 동의 없이 책 내용의 전부 혹은 일부의 재사용을 금합니다.